走到哪都吃得開的禮俗小百科

- 即將結婚的**新娘子**，可以當另一位新娘的伴娘、陪嫁、或招待嗎？
- 為何**提親**當天，男方的姊妹不可同行？
- 為何懷孕**未滿三個月**不能說？
- **探病**該什麼時間去才恰當？哪些伴手禮不能帶？
- 為何**大年初一**不能花錢，否則會敗家一整年？
- **枕頭**為什麼不能只買一個，不然會孤獨一生？

不知道會被笑的66個禮俗禁忌

知道**什麼該做**很重要，
知道**什麼不能做**更重要！

本書歸納**66**個婚、喪、喜、慶、年節、假日，
以及生活上經常遇到的禮俗禁忌，
提醒你應小心避開的人際地雷，更告訴你該如何巧妙變通應對，
讓你人際往來不出錯，走到哪裡都吃得開。

前言

知道「什麼該做」很重要，知道「什麼不能做」更重要！

步出校園、進入社會後，人際往來漸形複雜，與人往來，我們都知道很難面面俱到，但盡量做到不失「理」與不失「禮」，卻是大部分人所期待的目標。

其實所謂的人情世故和應對進退，目的不外乎是為了「表達善意」，以及懷抱一份「體貼對方」的溫暖心意。因此，與人交往或做任何事情之前，懂得站在對方角度，或是秉持與人為善的好意，相信便可獲得認同、受到歡迎。

不過現今社會個人意識高漲，爭取並堅持自己權益多已凌駕於「吃虧就是占便宜」這樣的傳統觀念之上，雖然維護個人權益實屬應該，但有時恐變成太過強調「法、理」，而忽略「情、禮」其實才是人際往來中最根本、也是最該強調的基礎出發點。

因此，本書除了歸納出應對進退中「該怎麼做」才不失禮之外，更重要的是告訴各位讀者「什麼不能做」，誤觸人際禁忌地雷之後恐怕會被安上「白目、沒禮貌、沒常識」的標籤，輕則被人背後議論，嚴重的話不僅影響對外人際關係，甚至可能無意中埋下別人心中陰影、引人怨恨也說不定。

所謂的禮俗，其實就是一套體貼、有人情味的互動方針，而且無不包含著老祖先們深切的祝福之意和內斂的感情。在今人眼裡看來，許多禮俗已過時，許多的禁忌更是匪夷所思，但進一步仔細想想，其實這許多的「不該做」，都是為了提醒不懂事的年輕人多三思而後行，避免事後後悔；甚至是為了保護年輕人，不要因一時衝動，無意中傷害別人也傷害自己。

禮俗的沿襲自有其道理，雖然經過時代的演變，「做法」可以不斷調整以符合今日需求，但最基本的那份「與人為善」、「將心比心」的體貼心意，卻是物換星移皆不可改的寶貴真理。

單元一　關於訂婚、結婚、懷孕、新生兒

單元二 關於喪禮、慶生、探病、節日

單元一

關於訂婚、結婚、懷孕、新生兒

1 提親時，為何男方不能吃女方家準備的茶點，也不能一起吃飯？

提親，在古禮中等同於「納采」之意，是男方中意哪一家的姑娘之後，請託媒人帶著禮品去女方家說媒，事後若女方留下禮品，大致上這門婚事就有譜了，如果當場或過幾天後退還禮物就表示婉拒之意。

提親這項禮儀到了現今，因為盛行自由戀愛之故，已不如舊時隆重，但畢竟仍是雙方家長第一次正式的見面拜訪，所以在禮數上還是該仔細一些，以免打壞了雙方的第一印象。

在初次登門造訪叨擾他人時，事先應準備伴手禮，提親時也一樣，通常可先打聽好女方家長喜歡的食品或用品，一來代表有心有禮，二來也可增加雙方的話題性。

提親人數以雙數為佳，通常為六人，包括：男方本人、雙親、媒人及兩位親族長輩陪同。如果沒有親戚同行、只有四人的狀況下，男方本人可先單獨入內，向女方家長稟明雙親和媒人已在外等候，之後再招呼三人進屋，如此就算是避掉「四」這個忌諱的數字了。

大家寒暄坐定後，通常女方會準備好水果、茶點等招待客人，**習俗上為了表示客氣以及「不呷人」**（不佔人便宜）**的理由，男方是不能吃的**，即使連最簡單的茶水都不能喝，因為喝茶時所發出的「咕嚕咕嚕」聲，好比人在多嘴時發出嘰嘰咕咕的說話聲，以後若真的結為親家後，親友之間容易說閒話。

同樣的理由，**如果連水果茶點都不吃了，更不可留下來吃午飯叨擾人家「呷人夠夠」，因此提親大多在中午之前一定會結束離開**。只不過現代人多半沒有這種禁忌了，有時提親就直接約在外面餐廳邊吃邊聊。

至於為何**提親一定要在中午前完成**，有兩種說法：一是午時（中午十一點至下午一點）之前為陽，之後就漸漸屬陰了，因此在中午之後進行，會對喜事不利；另一則是提親應該在光天化日、光明正大時進行，過去除非因男女雙方家貧，無能力馬上籌辦喜事，不得不在經過雙方家長同意下先互訂終身，又怕場面寒酸會遭人冷嘲熱諷，情非得已之下，才會選在黃昏時分左鄰右舍都回家吃飯四下無人時，偷偷摸摸進行男女互套戒指的「暗訂」儀式。不過，「暗訂」之後男方也會許諾，等家中的豬仔養肥賣了、莊稼收成了，一有收入就會盡快來補行正式的文定之禮，這才是合乎禮俗的做法。

2 為何提親當天，男方的姊妹不可同行？

台灣傳統大家族中，姑嫂之間總有著一種無以名狀的糾結，也許是因為同為女性、年齡相仿，多了一份互相比較、競爭和作伴的複雜情結。

新嫁娘總盼望著到了全然陌生的大家庭之後，能夠有心意相通的姊妹，婆家也希望姑嫂之間能和平相處，所以從提親、迎娶到新娘入新房之後，俗稱「大姑」、「小姑」的新郎姊妹都要避忌。

一來是因為「姑」與「孤」同音，在充滿喜氣婚嫁過程中是很忌諱的；二來迎娶當天「新娘神」最大，新娘進門後，不止大姑小姑，連尊貴的公婆和其他同住一個屋簷下的家人都要轉身迴避，以免有所沖煞，造成日後相處上的問題。

除了提親和迎娶時新郎的姊妹們必須避忌之外，最好連新房也不要進、新房裡的物品更不能碰，怕大小姑們把「孤」帶給新人，種下日後勞燕分飛的禍根。也因為如此，才有大姑小姑若進了新人房，會造成日後姑嫂之間的感情不睦一說。

有些地方的習俗更加嚴格，新娘的新房不光是大姑小姑止步，連新郎的姑姑們，都是禁止進入的。因此不論在提親、迎娶或是鬧新房的過程中，「姑」字輩的人都無法參與。如果是新郎姊妹眾多的家族，有需要配合習俗湊足吉祥人數或進出新房協助新人時，恐怕就要商請其他親友或鄰居前來助陣，所以伴娶或伴嫁等的角色才會如此重要。

不過，身為新郎的姊妹們也不必哀怨，在傳統習俗中，有些疑難雜症，還非得藉助大姑小姑們的力量，才能順利化解。像是嬰兒出生不久，如果頭髮長得不好，集中於頭頂或者某些地方禿了一塊，俗稱為「孤（姑）路」，相傳是因為姑姑們回娘家時，來來回回地把路都給走禿了一塊的緣故，這時只要姑姑送一雙鞋子給嬰兒穿，不久後，嬰兒禿髮的症狀就會改善。

實際上這大多是因為嬰兒毛囊尚未發育好，加上長期躺臥頭部摩擦枕頭造成毛髮長不出來的關係，多數的寶寶長大一些會自然改善，不過在習俗中仍倚賴姑姑來幫忙。

另外，小孩在長牙時，通常是一對一對的長出來，假如寶寶一次只長一顆，就是俗稱的「發孤齒」，這時候，不止要「穿姑鞋」還要「呷姑米」。「呷姑米」不僅是姑姑將米熬好送來，還有給姑姑當乾兒子之意。

台灣民間傳說「姑嫂同枝花」，意思是如果姑嫂兩人受孕的時間相當接近，那麼兩人必定同時生男或同時生女，而外甥或外甥女，也許本來應該是投胎做姑姑的小孩，所以民間習俗深信甥姑之間的緣份，是既微妙且濃厚的，有了姑姑的疼愛，小孩會長得又快又好。而這一層說法，也不無隱含相逢自是有緣、姑嫂之間應該和睦相處的暗喻。

3 為什麼準新娘不能吃自己的喜餅？

在婚聘過程中，男方到女生家下聘時，除了聘金之外，聘禮中最重要的莫過於「喜餅」了。

「喜餅」，又稱「禮餅」，古代多用夾著甜、鹹不同內餡的漢餅，在送給女方前，有些男方家會自己先拿幾盒來吃，叫做「抽餅頭」，這並不是因為貪吃，而是取其「不被女方呷去（佔便宜或欺負）」的先發制人之意。

文定當天送到女方家，女方通常還需送回一部分的喜餅給男方分送親友吃，代表「不呷人夠夠」，即不吃乾抹淨、占盡別人便宜的謙遜之意。

而留下來的喜餅，女方會先取來幾盒以祭拜祖先，稟告先人女兒即將出嫁，並請求保佑婚姻圓滿，之後才可將喜餅分送親友。一方面昭告親友女兒已經名花有主了，另一方面則以此換取「添妝」的禮金或禮品。

在禮俗中，準新娘是不可以吃自己的喜餅的，原因之一是說，**準新娘急著吃自己的喜餅不但會吃掉自己的福氣，更是「貪吃」的象徵，以後到夫家會好吃懶做**；原因之二是準新娘吃了之後，在婚禮當天會使月事來潮，如此一來，不但會讓新娘子當天覺得不舒服，連洞房花燭夜也無法順利圓房，所以必須要禁吃。

其實上述兩個說法都是沒有科學根據的，只能解釋為，長輩希望女子出嫁前能保持一貫婉約自持的形象，給夫家留個好印象，嫁過去之後才能得人疼。**不過也有長一輩的人認為，新娘可以吃自己的喜餅，只要避免吃到拜過祖先、被視為「祭品」的喜餅即可**。因為雖然祭拜的是自家祖先，但畢竟陰陽有別，新娘還是避免沾染為宜，只是大部分人覺得這樣的分法有點麻煩，如果真能忍耐一時，而讓婚事進行一切順利，就姑且信之而完全不吃了。

4 為什麼新人不能收媒人的紅包？

媒人這個古老行業的重要性，從古籍《詩經》裡就已明白地指出：「伐柯如何？匪斧不克，取妻如何？匪媒不得。」意思是：想要砍樹來做斧頭柄，必須先要有斧頭才能成功；想要娶得妻子的話，必須要有媒人才能得到，因此「伐柯人」成了媒人的另一種說法。

當然我們更為熟悉的「月老」及「紅娘」也都是媒人慣用的代名詞。媒人有時是熱心助人、熟悉鄉里狀況的人，也有人以此為業，專門留意打聽周遭有無適婚年齡的男女及家庭狀況。只不過有些沒有職業道德的媒人，會因為貪圖某一方的豐厚禮金，而對另一方做出誇大不實的說法錯搭配婚，所以媒人在古代婚嫁中的角色可謂舉足輕重。

古時候因為男女無法像今時今日一樣，可以按照個人意願公開交往、自由戀愛，如果覺得不合適還能夠分手另覓伴侶。基於男女授受不親的教條規範，正當人家的女子不應該隨意拋頭露面，到了適婚年齡的青年男女，就得仰賴媒人對雙方家世、人品、容貌的瞭解，找尋適合的對象說媒撮合，或者進一步斡旋雙方要求的條件。

這樣的工作在資訊封閉的社會裡可是一件極需慎重的要事，媒人做得好不好、資訊是否可靠，關係到男女雙方及其家族一輩子的幸福與興衰。因此**在訂婚及結婚時，新郎新娘不但不能收媒人包的紅包，還會視個人能力給予豐厚的媒人禮表示答謝，也有討好媒人之意，盼其能盡心為新人妥當打點好婚禮中的一切大小事**。

而新人對媒人的重視程度，也反映在婚後生頭一胎男孩的時候。男嬰的父母必須準備好鞭炮、香燭、麻油雞和油飯到媒人家裡答謝，俗稱「報酒」。媒人這一頭答謝完之後，才會回到女方的娘家去報喜，表示十足尊重及感謝媒人的恩情。

不過現代男女大多都已改採自由戀愛了，雙方經由一段時間的交往及瞭解再決定是否走入婚姻生活，在這個過程中不一定有任何的介紹人，但在婚禮籌備前或者進行中又需要有人擔任媒人的角色，才會有臨時產生的所謂「現成媒人」。其任務大多是執行一些儀式中所需的表面工作，重要性也就大大降低了。

話雖如此，但大部分的人仍會感謝媒人的付出給予適當的禮金，對於媒人送來的紅包，大多也都是婉謝不收，或僅收取紅包袋表示接受其祝福的心意。

5 為什麼新郎與新娘結婚前一天不可以見面？

中國的傳統婚禮中，不僅主張新郎新娘婚禮前一天不能見面，嚴格來說，婚姻大事皆奉父母之命、媒妁之言，男女雙方一直要到新婚當夜，新郎掀起新娘蓋頭來的那一刻，才算是第一次見面，即使在相親或其他場合都不能有正式打照面的機會。也許是透過畫像、或是小姐頭低低出來為客人奉茶，才能匆匆一瞥。

因為希望在新婚當晚給新郎一個驚艷的好印象，古代女子在婚前都會做一個「開臉儀式」，意指出嫁前拜過祖先後，要找福壽雙全的長者來「挽面」（也稱「開臉」或「絞臉」）。

這是用細綿線與白粉做為工具，去除臉上多餘的細小汗毛，使新娘子的臉蛋變得柔滑細嫩富有光澤，好讓新婚之夜第一眼見到新娘美麗臉龐的新郎能夠一見鍾情地愛上新娘子，婚後才能幸福美滿。而這種我們偶然會在街頭、觀光夜市見到的傳統技藝，在古時候可是種慎重的象徵儀式，尤其未出嫁女子，是不允許隨便進行挽面這樣的開臉儀式。

由此可知，不要說是新郎新娘前一晚不能見面了，在民風保守的年代裡，未婚男女是不能夠輕易見面的。但是時移境遷，社會風俗演變到現今，對男女婚嫁的約束較少，有些不符合現代人生活習慣的禮俗也就自然被人遺忘。

時值今日，關於婚前不見面較普遍的說法有兩種：

一是傳統禮俗中新人婚前一個月都不能見面，原因是長輩認為新人雙方都帶喜，見面容易喜沖喜，為求結婚當天平安無事，因此不希望新人見面。

其次是結婚當天的吉時是事先挑好的，如果新人前一天還在一起，萬一過了子時（晚間十一點）**就算是婚禮當天，這樣便已破壞當天原先挑選好的**

良辰吉時，不利於婚姻幸福，故此設下婚前一天不見面的禁忌說法。

但也有人說是因為結婚前一天家中要拜謝天公與祭祀祖先，還有許多雜事待辦，為了約束興奮的年輕男女偷溜出去約會，家長才製造「見了面會不吉利」的恐嚇說法，亦不無可能。

不論何種說法為真，現代社會中許多未婚男女早在婚前即同居共處，或者一直忙到婚禮前一天還要一起去辦事情，很少人能夠真正遵守這樣的禮俗規定。但是古人含蓄的心思不是全然沒有道理，在操辦婚事中難免有許多小摩擦，如果新人之間保持適當的空間和距離、學習互相尊重，對於小倆口日後的生活磨合還是有點幫助的。

不過長久幸福的婚姻生活之道，並不在於婚前一天見與不見的問題，即使做不到也不用太過擔心，婚後生活多些包容、愛心與耐心，用心經營、待對方如己，還是最關鍵的不二法門吧！

6 結婚、訂婚時，戒指到底要戴在哪一隻手指？

中國傳統的婚姻禮俗，從求婚至完婚需要經過「三書六禮」的流程。「三書」指的是：聘書、禮書、迎書；「六禮」則為：納采、問名、納吉、納徵、請期、親迎。

其中「納徵」和「親迎」近似於現代婚嫁中的訂婚與結婚儀式。台灣的傳統習俗大致沿用了這樣的模式，只不過因應工商業的發達取代了農業社會的作息方式，一切都講求「快速、效率」，許多步驟已合併或省略，只要雙方親家達成共識倒也能皆大歡喜。

倒是「西風東漸」的效應，使傳統婚姻習俗起了變化，甚至有混淆的狀況。光就「結婚戒指該戴在哪一隻手指」，傳統婚禮裡的媒人與西式婚禮裡主導的結婚祕書看法就不一樣。如果採**中式或台式的傳統婚禮，採男左女右**

的習俗，訂婚時男方替女方戴的是右手中指，反之，女方則替男方戴上左手中指。

不過也有老人家主張因為女人伸出中指有不雅之嫌，所以**訂婚時女方先伸出食指讓男方戴，在戴到第二節時刻意彎曲一下指節，取其「勾親」**（交親）**的美意，當然也有不被男方「壓落底」**（意指被男方吃死死）**的意味。**之後，女子再自己取出食指的戒指戴在中指上。

除此之外，訂婚儀式中也有人以幫女方戴上有鉤子的耳環，象徵勾親之意。而結婚當天，新郎新娘毋需交換戒指，在儀式進行前照樣遵循男左女右的規矩，戴在無名指上了。

但在西式的婚姻裡，源自古羅馬時代的風俗，一律把訂婚及結婚戒戴在左手無名指上，原因很簡單，因為絕大多數的人心臟在左邊，而據說左手無名指有一條直通心窩的血管，稱作「愛情之脈」（vena amoris）。

信奉基督教者一般也採左手無名指，據說是婚禮中主持的牧師會拿戒指輕碰新人的左手說：「奉聖父、聖子、聖靈之名」，說完時，戒指正好落在第四隻手指（無名指）之上。

從古羅馬時代開始，男女雙方一旦套上了婚戒便形同法律效力，不能再接受其他人追求或誘惑，同時也提醒別人已「名花（草）有主」、生人勿近。隨著文化與宗教的差異，也有部分歐洲國家採行訂婚戴左手、結婚後轉戴右手的習慣。

其實習俗本來就是約定俗成的一種普遍認知，就算戴錯了手指也不犯法，重點在於新人在舉行一連串的結婚儀式之前，是否相互了解、溝通良好。如果兩個人沒有共識，千頭萬緒再加上熱心的親朋好友人多嘴雜，還真會澆熄原本結婚的熱情和喜悅。

不論戒指要戴哪隻手指、甚至要不要戴戒指，應該都是新郎新娘和雙方家長要拿定主意的，選擇自己想要的形式和流程，如果相信古禮的就盡量問耆老或蒐集資料齊全；假如不在乎，也不需管外人說什麼，只要禮貌回應就好。千萬不要人云亦云，想做嫌麻煩、真的不做心中又耿耿於懷，如果兩人連這一關都無法攜手並進，如何穩定經營長長久久的婚姻生活呢？

7 訂婚當天為何不管天氣多熱，都不能搧扇子？

文定之禮是古時候男女婚嫁中的重要步驟。在文定當天，男方攜聘金和聘禮至女方家下聘，女子由好命婆牽至大廳進行儀式，雙方互相交換信物、互套戒指之後，便大功告成。

文定當日，許多親朋好友或鄰里街坊都會前來觀禮、湊熱鬧，而在儀式進行當中，為求吉利，多半會把小孩抱開，以免小孩在此時哭鬧觸了新人霉頭。

此外，不論當天天氣有多炎熱，都不能拿扇子出來搧涼，**因為「扇」和「搧」發音與「散」相似，在新人才要初訂盟誓之時就說「散」，未免太過晦氣，就算是拿其他物品出來搧涼也不宜。**

另外值得一提的是，訂婚當天不論男方或女方「姑」字輩親戚都應特別注意，因為「姑」與「孤」兩字同音，大姑小姑（即新郎的姊妹）最好避免前來女方家觀禮；而女方家中若有姑姑輩的來參加文定，也應盡量避免去摸任何男方送給女方的聘禮或喜餅，以免雙方親家覺得不吉利。

訂婚儀式結束後，台灣南部的禮俗多半是等到結婚歸寧後才宴請女方親友，所以男方直接離開即可，不可以說「再見」，以免有「分離」或「再婚」的聯想。

而北部則習慣訂婚當天即由女方請文定喜宴，習俗裡為了避免「吃到底」有欺負女方之意，男方不可吃到最後一道菜，必須進行到一半就提前悄悄離開，亦不能寒暄道別。而男方離開前須留下一個紅包在桌上，稱為「壓桌錢」或者「謝宴禮」，以補貼女方酒席費用。

「壓桌錢」的金額並沒有規定，但通常會多過男方親友所佔桌數的金額，甚至也可以是當天所有的酒席費用。不知情而見義勇為的親友們，千萬可別以為是對方遺漏在桌上的紅包，而急著追趕男方一家人想要歸還了。

8 新娘出嫁時，頭上該遮米篩還是黑傘？

提到台灣的婚嫁禮俗由來，絕不能不知道的是關於「桃花女鬥周公」的典故。

源自於元朝雜劇的〈桃花女鬥周公〉，是一齣講述兩位學道術之人——桃花女（任桃花）與周公（周乾）在婚嫁過程中大鬥法的故事。相傳因為桃花女屢次施法助人破解了周公的預言，損及周公威名而讓他懷恨在心，周公遂心生一計向任家求親欲娶桃花女為妻（有一說是娶桃花女為媳），並打算在成親當日布下天羅地網取其性命。然而桃花女亦不是省油燈，早在答應下嫁之前就已做好了萬全的準備要和周公一較高下。

迎親之日，表面上一片喜氣洋洋，暗地裡卻波濤洶湧，即將展開一場精彩絕倫的大鬥法。新娘桃花女在下轎前，周公已遣來一隻大公雞（另一說為大鵬鳥）從天而降對桃花女施展攻勢，但新娘早早就準備好一只繪有八卦的米篩，請一位家庭美滿、福祿雙全的婦人（有一稱叫「福命婦」或者「好命婆」）為她遮蔽，並在米篩上撒滿五穀讓雞啄食，因而破了周公的法。故此**新娘下轎或下車時都習慣以米篩遮頂做為擋煞的象徵**。

不過隨著時代的演進及民風的開放，**有些新娘在過門之前就已珠胎暗結，而米篩上的八卦恐會有沖煞腹中胎兒之虞，所以對於懷有身孕的新娘就改採黑傘來阻擋煞氣**。因此，有經驗的人往往可以從使用米篩或黑傘的這個小細節，大致推敲出新娘是否先上車、後補票了。

至於黑傘的功能也有另一種說法。新娘結婚當天有大過一切神祇的新娘神護身，唯獨不與天公相沖，故下車後用黑傘遮蔽，讓新娘「不見天」來化解。至於為什麼用傘而不用其他物品取代，尚有另一層含意，因為傘是帶「把」的，替新娘撐傘的同時，也暗藏著希望頭胎生男孩的期盼。

但是在此要特別一提的是，習俗也可能因地而異的，例如北部地區就比較不時興使用米篩，也許是因為配合現代生活及考慮取得的便利性，不論新娘有無身孕，大多都只使用黑傘。所以身為賓客的你，千萬不要一看到福命婦撐開黑傘就妄下斷語，認為新娘已懷孕或者表錯情地向新人道賀，別忘了還要參考當地風俗習慣，免得貽笑大方了。

9 為什麼新娘出嫁時要從禮車丟出扇子？

古時流傳下來的禮俗多半和先民的生活習慣或對未來的想望有關，希望藉由人一生中幾個關鍵時刻，能有改變或賦予新生的契機，因此才衍生出許多有趣的習俗，如果不以宗教角度來審視，其實其中充滿了濃厚的親情和人情味。

以婚嫁過程來說，嫁出去的女兒縱使有如潑出去的水，看似絕情的做法其實仍蘊含了娘家低調但滿滿的愛。

自新郎來迎娶、新人拜別父母後，女兒就算正式成為外姓人了，此時娘家會請一名小男孩交給出嫁的女兒兩把扇（也有習慣只用一把扇的），上禮車起步後，新娘必須丟下一把扇子由娘家的弟弟或者母親拾回，一旁的觀禮者可不要多事急著去幫忙撿起。

一般咸信，**台語中「扇」與「性」音相近，也有「脾氣」意思，丟下扇子叫「放性地」，猶如出嫁的女兒放下在娘家時所有不好的個性**，另一把攜帶至男方家的扇子則代表好脾氣，希望隨著新娘過去能跟新的家庭好好相處，過得幸福美滿。

這一把跟著新娘進新房的扇子還有另一個功能，因為結婚當天新娘應該是嬌羞含蓄的，但有時進新房的人一多，有賓客或小孩不懂禮俗隨意動新房裡的東西，如果新娘看到了也無法出言喝止，因此便用扇子點點客人提醒，或者一旁的伴娘們看到新娘用扇子指了之後便會上前去協助和勸阻。

對於丟扇子的另一種說法是「扇」即代表「散」，母親潑水、女兒扔扇，表示兩造已不再像過去一樣了，女兒必須認清婆家才是未來生活依歸，好好跟著丈夫過日子。

最後一說是「扇」和「善」同意，離開娘家前丟下扇子表示「留善」，日後無法朝夕於父母跟前盡孝、與手足同歡，只能默默為父母兄弟祈福祝願，希望自己的原生家庭能一切順利平安。

不論是哪一種說法和由來，表面上出嫁都是分離與難捨，一旦瞭解背後的典故後，才能深切感受到父母的養育之恩和關愛之情，不時提醒人們要感恩、體貼他人，才是善良風俗和禮教最深切的用意。

⑩新娘入門時，為何公婆姑嫂等人要迴避？

娶妻對新郎來說，除了是人生的重要新起點，對於古時候大家族同住的小聚落型態，更是一件大事。對家族裡每一個人來說，生活中也將面臨或多或少的變化，對於從未見過面，日後卻要相處一輩子的家中新成員，當然抱持著能夠和諧相處的希望。

由於傳統禮俗中堅信，**結婚當天新娘的守護者——「新娘神」地位大過一切神祉和凡人，所以在迎娶新娘進門的那一剎那，除了新郎之外，只要住在同一個屋簷下的人，不論地位尊卑一律要稍做迴避。一來是表示對新娘神的尊敬，二來則是避開沖煞的可能性，才不會日後互看兩相厭**。除此之外，孕婦及生肖屬虎者也要迴避，以免相沖。

一旦新娘踏入家門之後，大家就可解禁如常行動，不必再躲躲藏藏了。

也有比較講究的人家，會在新娘入門之前由媒人先在門口撒下少許的鉛筆粉，並且口中唸道：「人未到，緣先到；入大廳，得人緣。」因為台語中「鉛」與「緣」同音，用這種方式則可化解新嫁娘與婆家成員相處不來的可能性。

另外，如果新娘進門的時辰選在正午的午時或接近傍晚的申時，婆家會先在灶上放置一碗清水，等新娘入新房後再倒掉。

這一碗清水的功用，是因為新娘來到這個家庭的時間剛好是灶火正旺的煮飯時間，怕會讓新娘「心火著」，以後動不動就會生氣並和家人產生口角，因此預先準備好清水來澆熄怒火，頗有防患於未然的意思在。

雖然現在爐灶已經不多見了，但如果遇到前述的兩個時辰，而在意禮俗的婆婆或媒人亦不妨先把清水放在瓦斯爐上，等到新娘入新房之後就可以倒掉了。

如果以後有幸能夠看到這樣有趣的情景，相信您就不會再疑惑瓦斯爐上為何放了一碗清水，當然更不會任意去移動或者飲用而鬧笑話了。

11 為什麼生肖屬虎的人不能進新娘房？

十二生肖當中，最讓人忌諱的莫過於排列第三的「虎」了，在命理學的觀點裡，大多數認為肖虎者有著堅強的自我意識，個性剛烈果決，是標準的領導型人物；但缺點則是專制蠻橫霸道、不易與人溝通協調。

在生物界中，老虎亦為兇猛殘暴的肉食性動物代表，所以很容易讓人把虎年出生的人與之做投射及聯想。古時候甚至有人認為虎年出生的孩子命硬易刑剋他人，或者擔心未來命運多舛，因此多會故意採取提早或延後出生年份的方式，以規避虎年出生的事實。

肖虎者因為容易有刑剋沖煞他人的問題，因此在喜慶當中，多半會被要求迴避，應是為了讓辦喜事的一方安心，盡量做到事事圓滿的緣故。

在婚禮中，屬虎不得進新房的禁忌時有所聞，除了有容易沖煞新郎或新娘的顧忌之外，還有另外一說是來自於〈桃花女鬥周公〉這個經典故事內容。

話說桃花女出嫁當天，事實上即是兩人的鬥法之日，周公以法術調來一頭白虎欲對付迎親花轎中的新娘桃花女，桃花女則事先準備好了一根長長的竹子並繫上一顆豬頭，白虎盯上花轎後，一見到豬頭就露了本性分心啃咬，完全忘了原來要攻擊桃花女的任務而宣告失敗，此後在婚嫁中就有了忌諱屬虎者靠近新娘房的延伸由來。時值今日，在一些遵循古禮的婚禮當中，還能看到新娘禮車上用竹子綁著一塊豬肉（現代人多將豬頭簡化成豬肉取代），即是為了抵擋白虎煞而特別準備。

不過屬虎者不必因此氣餒，在禮俗中也並非完全沒有進新房觀禮的可能性，如果新人雙方家長都不介意，或者可以在事前就先找好屬龍以及屬虎的賓客，早一步先進新房，取其「龍虎鬥」的平衡之意，之後新人就可以進新房而不會有沖煞的顧慮了。

所以說禮俗百百種，不過是求取皆大歡喜的安心而已，有時貼心地為辦喜事者想一想，如果主人家確實心懷芥蒂，而賓客只需委屈片刻便可求全，不也是一種成人之美？

12 即將結婚的新娘子，可以當另一位新娘的伴娘、陪嫁、或招待嗎？

根據《禮記》內容記載，新婚婦女在結婚隔日，一大早就要先沐浴更衣，雙手捧著放有棗、栗和腶修等物品的竹器，恭敬地等候舅姑（「舅」代表公公，「姑」則是對婆婆的稱謂）起床後行禮拜見，棗寓意「早」，栗隱喻為「顫慄、敬畏」，腶修是一種肉類食物，取其「鍛、修」諧音，有自我振作的提醒之意。

新婦在婚後的第三日要開始下廚做飯，並親自侍奉公婆用餐進食。待婚後三個月新婦已經大致融入夫家生活了，夫家必須擇日帶著新婦至宗廟祭拜告知祖先家中又添了一位成員，至此「成婦禮」才算大功告成。

若按周朝流傳的古禮看來，其實新娘過門後，生活十分謹慎及緊湊，在三個月內，根本沒有可能再為其他人的婚事分神費心，所以「新娘不宜參加任何婚喪喜慶」的禁忌由來，是可以理解的。

在台灣的民間習俗中，普遍認為新娘子從結婚開始到新婚四個月內（也有三個月的說法）不能出席任何紅白事，則是因為有「新娘神」相伴，怕和其他鬼神相沖煞，造成不良影響所設下的禁忌。雖然理由不同，但在時間的限制上，大致上與「成婦禮」的時間是吻合的。若說此禁忌的成因，有一部分是因為希望新嫁娘盡可能排除一些外務，在四個月內專注於適應婆家的生活步調，也不無道理。

至於決定要結婚卻還沒有舉行婚禮的準新娘能不能參加紅白喜事，甚至擔任別人的伴娘、陪嫁（有部分地區習俗中認為，已婚的女性才叫「陪嫁」）或招待呢？

按照喜沖喜的忌諱來說，還沒有結婚的一方，自然就沒有新娘神隨身會相沖的問題。不過有些長輩比較謹慎，認為從訂婚之後，就要避免參加別人的喜事，如果尚未結婚但已文定，要出席別人的喜宴或擔任好朋友、好姐妹婚禮中的任何角色，建議還是事先徵詢新郎新娘的長輩，以及自己準婆家的意見比較妥當。

有人說傳統婚禮的繁複流程和喜忌事項，除了彰顯此為個人人生中的大事之外，願意遵守全部或大部分的禮數，也算是一種另類的「考驗」，讓人想清楚婚姻非兒戲，不要隨隨便便結婚、更不要草率離婚。但是隨著時空的演化和婚姻制度的改變，現在的婚姻採用登記制，不必宴客或舉行儀式也具有法律效力，少了互相磨合的過程，彷彿也缺了些包容和耐心。

無怪乎有些老人家大嘆，年輕人百無禁忌，不聽老人言，不願學習如何避忌以保婚姻長長長久，才導致離婚率年年攀高。或許現代人不再遵守舊時的結婚禮俗和看淡婚姻的價值有著某種關連，儀式只是表面行為，對於婚姻的重視與用心經營與否，還是存於個人心間啊！

13 為什們結婚四個月之內的新人，不能參加別人的婚禮？

結婚是人生中一大喜事，保守含蓄的中國人深諳「凡事不能太盡」的道理，因此雖然是好事，仍然忌諱和其他的喜事相沖，有了這種「喜沖喜」的觀念後，才衍生出許多的禁忌。

「喜沖喜」的概念來自於既然是好事就應該小心保護、以免樂極生悲。當兩家各自有喜事時，不論是婚嫁或生子，為避免對福份較薄的一方會產生不好的影響，通常四個月內都會特別小心，避免因湊在一塊太過歡喜而情緒波動，反而衍生意外。

另外，剛結婚未滿四個月的新人，古時依舊有一些生活上禁忌，例如：新房不能「空」，所以新婚夫婦不得在外過夜，如有非外宿不可的理由，則必須在床上各擺一套新郎和新娘的衣服做為替代。

還有一說是，同一家庭內的兄弟姐妹結婚時間要相隔四個月以上（亦有必須相隔一年的說法），也是不希望後喜沖前喜。但這個禁忌其實也有一個很貼心的原由，因為新人們不希望婚嫁安排的時間過於密集頻繁，不但父母吃力，連親戚朋友也會舟車勞頓且荷包連續失血，反而抵消了辦喜事的興奮感，才有此忌諱。

若是要好的手帕交相隔不到四個月先後結婚，後結婚的人是可以參加先結婚的婚禮的。而先結婚的人假如十分在意「喜沖喜」一說，最好還是割捨不去，先向對方說明原委就好，畢竟好朋友是一輩子而不是一時的事情。

如果完全不信或不在意，倒也有其他變通方法，例如去吃喜酒時必須夫妻倆一同前去，如果真有一人不能去，就打包回去讓沒去的一方吃下，視同兩人同時出席。同時也不要進新娘房以及在新人敬酒時迴避一下即可。

14 新婚四個月內，新娘房的鏡子忌照人，更不可借他人使用？

在中國的風水學裡，認為鏡子本身就存在著能量，擺設於家中更有諸多學問，如果不謹慎使用，足以對居住者造成看不見的傷害。像是即將結婚的新人，在新房裡不免要放上一張梳妝鏡和梳妝檯，夫妻齊享畫眉之樂，是自古以來的閨房樂趣之一。

此時的鏡子，代表著兩人的婚姻關係，古人就以「破鏡難圓」或「破鏡重圓」形容夫妻離合的不同情況。由於鏡子有反射的功能，所以在新人結婚尚未滿四個月之前，長輩都會吩咐新人要用紅紙貼好，不僅新郎新娘自己不能用，更不能被其他人照到。

做為上門賀喜的賓客，更不可以因為「好奇」而偷偷揭開鏡子外的紅紙看看。據說鏡子裡出現了別人的影像，不論是否新人本人，只因為鏡中多了一個「他」或「她」，等同於唱衰這段婚姻關係，使之易於生變，讓外遇或夫妻感情失和的機率大增。

事實上這樣的禁忌，無非是希望求個「永結同心的好兆頭」，**在四個月內不能撕下紅紙，不外乎是希望每當新人走入新房看到醒目的紅紙時，時刻提醒自己已經走入婚姻，從此就要忠於伴侶、安份守己的一種「暗示」**。如果新娘覺得四個月內房間裡沒有鏡子可用感到困擾，可以暫時使用衣櫃裡附的穿衣鏡，或是買一面桌上型的小鏡子代替，但是記得小鏡子用完後也要順手收入抽屜裡，同樣不可以借別人用或照到別人。

假使新人們還是覺得太麻煩，但又想保住好彩頭，可以在新婚當晚就寢前，確定四下無人時，由新郎新娘兩個人攜手一同將梳妝鏡的紅紙撕下，但此時切記必須兩人的形貌同時「入鏡」，鏡子裡也不能出現雕刻、照片等有「人形」的物品，表示這段姻緣裡只有彼此、再無他人。如此，也可免去新婚四個月鏡子紅紙不能撕的困擾。

古時候新娘房裡的嫁妝通常由女方準備，送來時都要貼上喜字和紅紙，除了喜氣洋洋之外，也是提醒一般人「請勿隨意觸摸」。如果有機會進入新房記住凡事動口不動手，多說好話、多多讚美是上上策，恭喜完新娘就盡速離開，切忌一屁股坐在新人床上開始聊天。據說新床被外人坐過，日後新娘懷孕時會嚴重害喜，這應該是提醒那些白目賓客，不要穿著外出服去坐人家的床，不但失禮，也有欠衛生。

假如遇到不知情的賓客無心犯了忌諱，新人也不必為此氣惱而耿耿於懷，建議找個信得過的擇日師說明狀況，請師父畫一道相應的符給你們化解就行了，不要一直掛心自己的婚姻是不是被別人唱衰，畢竟日子是自己過的，沒有什麼事情比新郎新娘同心、專心過日子更重要。

15 為什麼二十九歲不能結婚？一定要提前或延後一年？

在中國的習俗裡，根深蒂固地相信，「九」是一個至極之數，對於每個人的命數，也是由盛而衰的頂點。**人生逢「九」便是一個重要的關卡，如能順利度過，則又是一個圓滿至陽的開始，如不低調行事迴避，則容易遭逢災厄或禍事**。

所以大部分的人虛歲尾數逢九，要不自動加一歲、要不就報實歲，並且盡量不過生日、不做任何重大的決定。尤其在醫藥不發達的年代，營養與衛生條件差，很多人都過不了四十九歲便英年早逝，更讓人加深了逢九便是劫數的印象。

俗諺中說道：**「男怕三、六、九**（歲）**，女怕二、五、八**（歲）**」**。古代人較多早婚，女子過了廿歲尚無人來說媒的話就算是晚婚了，但仍會盡量避開十八這一年，若真的遇到好的人家來提親納采，自然也會拿出一份「修飾過的命書」給男方合八字，難怪台語俗諺裡嘲諷地說到「男命無假、女命無真」。

雖然強勢一方的男子較無此顧忌，適婚年齡也比女子長得多，但是遇上十九或廿九的敏感年紀，進入生命低潮期，如果還要再決定婚姻這樣的終身大事，心中難免諸多顧慮，擔心因為一時運勢低而行差踏錯，抱憾一生。

現代人因為結婚較晚，十九歲成家的男子不多，所以廿九歲反而成了一個常見的關口。一般男子要在廿九歲時娶親，長輩或命理師多半會加以勸阻，並盡量採行提早或者延後一年舉行避之。

真要細究此事有無任何科學根據，的確沒有實據證明廿九歲結婚，對婚姻會發生具體的災禍和影響。不過命理和風俗，部分來自於普遍的社會現象觀察，也就是「大多數依循的人都能平安度過」的原則而來的，加上古時候的人將婚姻視為一生只有一次的重要大事，誰都想要平安圓滿過一輩子，除非情非得已，否則不會任意為之。

但若新人正逢廿九歲，珠胎暗結不得已必須盡早完婚又該怎麼辦呢？其實還是有兩全其美的化解方式。

首先，可將兩人的婚期訂在冬至之後，因為在傳統中國習俗中，吃完冬至湯圓就算加一歲，也算從廿九進入三十歲，便無此顧忌。但如果離冬至太久而日漸隆起的腹部等不了，兩人可以先至戶政機關登記為夫妻，等到生日過後再補行婚禮，這樣孩子報出生不成問題，也就能避開廿九歲結婚不吉利的疑慮了。

16 孕婦為何不能參加婚禮？

如果以傳統民俗的喜忌來解釋孕婦不宜出席許多婚喪喜慶的場合，可以歸因於懷孕時會有「胎神」護身的緣故。在台語中，懷孕叫做「有身」，意即孕婦腹中懷有另一個身體，自然在食衣住行等日常生活上更應該謹慎以對。

雖然懷孕是一件喜事，但如果參加婚禮總會與新娘打照面，這時胎神和新娘神正面交鋒，就會產生「喜沖喜」的局面。之前曾提過，「新娘神」在婚禮當天的地位是僅次於天公的，會因為相沖而導致對胎兒不利，因此，孕婦除了不適合出席婚禮之外，傳統習俗中，還有許多許多生活舉止上的限制，這多半都是源自於對胎神的尊敬和保護。

從現代的觀點來看，此一禁忌並非全然沒有道理，古時候的生活條件和醫藥水準落後，本來生孩子就是一件風險頗高的事，如果孕婦再不悉心調養，胎兒很容易流產或出生後夭折。

再者，**婚禮上賓客眾多，易形成疾病傳染的溫床，再加上喧鬧嘈雜、空氣污濁、喝酒嬉鬧，本就不是一個很安定的環境，如果在酒席上吃到沒有處理乾淨的食物，或者因為開心而造成情緒波動起伏太大，對某些身體本來就比較孱弱的孕婦，更容易造成不好的的影響**。所以古人如果藉由神祇的名義要求孕婦在懷胎期間盡量減少這種非一般日常活動，也屬合情合理。

不過隨著衛生條件和知識水平的提升，如果有些孕婦本人和其家長不介意「喜沖喜」這樣的說法，有另一種做法是孕婦不進新娘房，並且在新娘敬酒時迴避一下，懷著平常心、注意食物的清潔和避免飲酒等細節，準媽媽們還是能夠自行決定是否要去參加至親好友的婚禮的。

17 懷孕未滿三個月為何不能說？

不知道從何時開始，屢屢可從媒體上聽到有女藝人否認自己懷孕一事，事後被拆穿時皆以「懷孕三個月內不能說、否則孩子容易留不住」的說法來推卸。當然這是沒有什麼根據的，只是以訛傳訛，倒成了大家最常聽到的禁忌之一。

不過，也能從這一點看出，初初為人父母的緊張和喜悅，為了順利生產、希望母子均安，即使再荒誕不經的說法也會有人相信。

好比舊時農業社會裡營養和醫藥技術都不佳，小孩子很容易養不活，所以有的父母寧可相信把小孩的名字取得卑微低賤一些，就不會引起神鬼的覬覦，孩子也才容易養育成長一些，因此才會有罔「市」（「養」的台語發音）、查某（女人的意思，但此名多用於男生身上）或「阿醜」（意謂小孩醜陋）這樣的名字或小名。

其實嚴格來說，懷孕未滿三個月不說也是有些原由的。**因為懷孕初期三個月內，胚胎正處於一個相對不穩定的狀態中，如果著床得不好或胚胎本身不健康，很容易就有流產的機會**；再者早期的驗孕技術並不好，初期是否真有身孕的驗檢正確率也不如今日，如果在初期就大肆宣揚，萬一日後發現只是假性懷孕或者因故小產，在公婆丈夫、親朋好友和左鄰右舍的殷切盼望下，叫人空歡喜一場不說，當事者難免難堪且身心俱疲。

因此為了避免這種尷尬的情況發生，所以才有此一說，不僅是提醒孕婦在懷孕初期先耐住性子觀察，等到三個月狀況穩定後，再向外界宣佈喜訊不遲，並不是真的說了之後，會有什麼外來因素會不利於胎兒的緣故。

18 懷孕期間為何不能搬家？

在醫藥不發達的年代，孕婦無法定時做產前檢查，懷孕過程中也無法得知胎兒的成長狀況，因此只能多多謹慎小心，並期望「胎神」能保祐未出生的小寶寶。

在小寶寶出生滿四個月前，都歸「胎神」所保護，在這段期間裡胎神也會在家中各個角落四處留連，因此家中有孕婦時，不僅孕婦個人要小心，同住的家人或造訪的客人也要注意，不要隨便移動家中的物品或擺設，以免驚動胎神，繼而影響胎兒安全或健康。

若是真無法避免必須搬家的話，倒是有一些通融的化解辦法。

首先，可在搬家前請命理師擇日，找出不要與孕婦八字沖煞的好日，並在搬家當天小心避開胎神的位置。

此外，可先準備一把全新未用的掃把，並在握柄上綁上紅線，在移動任何物品之前，快速地在該物品上來回輕掃三下，口中唸著：「向胎神借位，希望胎神保佑母子均安」即可。這個動作的用意除了有恭敬地請附在該物品之上的胎神先移駕離開，同時也是在提醒所有搬動物品的人要仔細及小心，以免使孕婦受到驚嚇。

之所以會有這些懷孕期間的禁忌，無非是希望孕婦能好好調養，避免太過勞累而引發任何可能流產的機會。只是習俗的流傳通常會把善意與體貼，用帶有威嚇的方式希望後輩不要輕忽且依樣遵循，其實仔細一想，這些不都是長輩們的關心和美意？

19 為什麼不能隨便拍孕婦的肩膀？

「不孝有三、無後為大。」自古以來成家立室最主要目的之一，便是生兒育女、開枝散葉，所以媳婦娶進門之後，婆家和娘家的人無不殷殷期盼新嫁娘的肚皮能早早有動靜。女性一旦懷有身孕後，自然是備受呵護並要處處小心，隨著生理上的變化改變生活作息和飲食習慣。當然周遭的人也得要多給予體貼及協助，讓孕婦能順利生產。

傳統習俗認為，人的頭頂和雙肩共有三把火，本來就不適合隨便去拍別人的肩膀和頭，而拍孕婦肩膀和造成流產這兩件事，看來似乎沒有直接關聯，實際上，我們可以從三個面向來觀察：

在中醫觀點裡，自耳朵以下至肩膀的交會點稱為「肩井穴」，在古時候這個穴位是被用來治療難產的，此穴位可以刺激子宮收縮、有助於催生，因此不隨便拍孕婦的肩膀是為了避免刺激該穴位。

孕期中孕婦的情緒容易煩躁波動，當受到突如其來的驚嚇時，會自動分泌腎上腺素，致使嬰兒的胎動變得更加厲害，倘若是著床不健全的胚胎，有可能會因此造成流產。故除了拍肩膀之外，準媽媽應該視個人身體狀況，避免做一些刺激性的運動或看恐怖片等。

因為拍肩膀時會間接造成背部的壓力，有可能會影響到腹部，母體和胚胎都很健康便無妨，但假如媽媽原本就氣血虛弱，旁人這種不經意的粗魯肢體動作，即有可能造成孕婦流產。

以上三種觀點對孕婦影響多寡，其實是因人而異，有些身強體壯的婦女，在懷孕期間還必須務農或操持家事，也從來沒有任何不適。只是每位準媽媽的身體狀況不同，因此多給予周遭的孕媽咪關心和照顧，動作斯文、輕聲細語，不也正是給寶寶一個很良好胎教環境的機會？

20 為什麼出嫁的女兒不能在娘家待產？

「借人生，拔福氣；借人死，會保庇」的諺語，指的是一個家庭裡人口和福份都是固定的，假使家裡有外人在此誕生，不但會分減福氣，因為多了一個人，原有的人口也勢必扣掉一個，暗示家中將有人會死去。真的不小心在人家家中生產的話，產婦事後必須要準備「紅掛」和「糕仔金」送給對方，象徵「福氣歸還，一切平安」。但是有人往生可就不同了，不相干的陌生人如果死在家中，會讓該發生的不幸事情少掉一件，對於這一家人反而是值得安慰的好事。

舊時的婚姻，時興父母之命、媒妁之言，新郎新娘兩人直到洞房花燭夜才頭一回見面的盲婚啞嫁比比皆是，新嫁娘忐忑的心情可想而知。況且嫁出去的女兒就是別人家的了，除非過年或娘家有特別的事發生，一般女兒是不可以隨便回娘家的。

既然女兒已經算是「外人」，替親家傳宗接代這等重要大事，當然也不能任意為之。尤其古時候的醫藥技術不發達，女人生產有如在鬼門關前走了一遭，萬一女兒在娘家待產或是分娩當下出了什麼意外，就更難向親家交代了。因此，娘家可以在女兒生產後，照料勞苦功高的產婦和嬰兒，當作娘家的重視與疼惜，但是大多以「不借人生」一說來打消女兒動不動想要依賴娘家的念頭。

不過今時今日的婚姻狀況已大大不同了，男女雙方多半交往過一段時間，當事人有意願之後才會同意結婚，婚後也不一定是和公公婆婆同住，適應大家族規矩的壓力減輕不少，加上回娘家幾乎沒有什麼禁制，嫁作人婦已經不若往日那樣苦悶和不自由了。而生產時為求安全，正常狀況下也會早早選定特定醫院生產。

若新手媽媽待產期間想要留在娘家，讓心情及家務負擔上輕鬆一些，只要娘家和婆家兩邊都不介意，基本上是沒有什麼問題的。但是在禮俗禁忌之外，人情世故也很重要，在做出這個決定之前，還是得先取得婆家的同意再做為宜，否則讓婆家覺得媳婦什麼事都一心向著娘家，彼此難免心有芥蒂。

至於「寧可借人死」可以替家中擋災消滅禍事的說法，應該是古人想藉以此反轉一般人對於「死亡」的排斥與恐懼的聰明話術，試想，如果見到路邊有受傷或昏迷的人，大家都怕家中有不相干的人死了會「不乾淨」而見死不救，豈不是錯失救人一命的機會？

再說，現代人對於「凶宅」的字眼特別敏感，定義也不盡相同，如果心裡對於「這裡曾經死過人」一直無法釋懷，那麼再好的房子，住起來也不可能使人安心舒適。何妨用「屋可借人死」的觀點來看待禍福流轉，或許心定之後，生活和工作一切也就能順利穩當起來了呢？

21 為什麼生女孩要請吃蛋糕？生男孩則要請吃油飯加雞腿或紅蛋？

延續香火，在古代勞力密集的農業社會中，是件添丁旺族的大喜事。由於醫療技術和公共衛生條件皆差，也沒有什麼定期產檢的機會，使得懷孕和分娩的過程，宛如與死神拔河般驚險，所以台灣話說：「**生輸四塊板，生贏雞酒**（麻油雞）**香**」。產婦在生產時有如立於陰陽分界，過不了這一關只能躺入四塊板子釘好的棺材，一旦將小孩順利生出，就有滿室的雞酒馨香與為人母的喜悅。

在中國傳統習俗中，並沒有分送油飯的習慣，古代大戶人家在慶祝小孩（通常只有男嬰）誕生時，不但要唱戲宴客，還要舉行「湯餅宴」招待客人。湯餅即是「麵條」，是寄望小兒長壽之意，有點像台灣習俗中吃麵線的寓意。一般人家並沒有能力負擔，頂多是讓產婦吃得好些，補身體兼具催乳汁餵養嬰孩。

台灣人習慣在小孩出生之後，即先「報酒」，但也只限生下第一胎的男嬰時，在重男輕女的時代，女孩子養大嫁人就是跟著別人姓的外人了，實在沒什麼值得稱頌的。而所謂的「報酒」，是產婦家準備好滋補的麻油雞與油飯，第一順位先送給媒人，以報其撮合有功。

早年物資缺乏時，送給媒婆的其實是活雞一隻和油飯。活雞是要託媒人拿去拜送子觀音，保佑小孩聰明健康的。拜完觀音之後，油飯留給媒人吃，但雞還得物歸原主，還給產婦做月子補身用。

到了後來社會整體經濟提升後，才開始有了直接送麻油雞和油飯的手筆。但是聰明的媒人還是會把雞酒裡的雞頭、雞腳和雞尾椎取出，連同蕃薯、石頭或硬米回禮給產婦。還回部分的雞是表示「從頭到尾，我都沒吃」

的含蓄表示，而蕃薯是藉其易於繁殖的特性，代表小孩落地生根，怎麼養怎麼大，而且弟弟妹妹一直來；硬米和石頭則是希望讓小孩「頭殼硬邦邦」的頭好壯壯之意。

第二個報酒的動作，才是送雞酒和油飯到產婦娘家，通報外嫁女兒已經誕下麟兒，功德圓滿。

到了滿月時，必須再準備雞酒油飯，請厝邊頭尾和親戚到家裡來吃，這就算是滿月酒了。此時上門的賀客也會送上紅包、金鎖片、金戒指等吉祥賀禮，只有巨商富賈之流才有錢和有心擺彌月酒大肆宴客，升斗小民即使心中歡喜，多半還是只有能力以此種方式處理。

至於雞腿、紅蛋和彌月蛋糕這樣的形式，多半是後來商家所發展出來的商機。尤其是針對小女嬰的彌月禮，在舊時社會根本不可能有什麼慶祝儀式，遑論送禮品通告親友鄰里的大動作了。如今由於男女平等和少子化的緣故，每個小孩都是寶，也才能獲得如此的「禮遇」。

這些彌月食品的寓意，多是藉助習俗中吉祥的表徵，例如紅蛋寓意誕生的喜悅和過生日「蛻殼」新生；雞腿則象徵小男嬰的生殖器官。蛋糕是西式的產物，有分享甜蜜的用意，還有在食用和分送上的便利性，保存時間也比較長，在工商社會裡是很好的選擇。

假如在辦公場域中，新手父母只想和同事們共享喜悅，並不要求大家個別送禮時，可以帶一些蛋糕或油飯，放在茶水間供同事們自行取用，既沒有那麼正式，又可以昭告同事們家有新生兒，大家往往也會在工作上對你多一份幫助和體諒。而享用到的同事，即使不包禮也別吝於道句恭喜或給予關懷，這才是對新生兒父母最好的回禮。

22 探視新生兒的時候，為什麼不能當面稱讚他？

過去的醫療技術較為落後，公共衛生條件不佳，好不容易辛苦懷胎十月生下的嬰兒存活率更是不若今日，所以不僅婦女的懷孕過程必須小心翼翼，就連剛出生的嬰兒也必須十分謹慎保護。嬰兒出生後四個月內，都還屬於「胎神」管轄，四個月後則由「床母」負責保護，由於胎神同時擁有喜神和煞神的兩種樣貌，所以新生兒在四個月內的禁忌更多。

例如大家常聽到不能摳小孩的腳底板，否則長大了不敢過橋或不會走路；小孩睡著後不能親他或貼近聞他，不然寶寶會變得很兇很難帶；不可以晚上外出及必須在太陽下山前洗好澡、不要吃雞腸（會與人糾纏不清）、雞腳（會撕書本）、魚卵（不會算數）等等。

其中當然也包括了不可以當面誇獎寶寶，因為若是稱讚好乖，當天晚上就會夜啼；說他很胖就會變瘦不好養。當然罵也是不行的，台灣人很忌諱大人罵小孩子「著猴」，被罵的孩子會變得瘦巴巴像猴子一樣，發育不良。

從現代觀點看來，其實這些禁忌並沒有明確的依據或理由，比較能解釋的是長輩們會如此交待新生兒父母，無非是希望父母能妥善照顧，盡量不要讓日常照顧者以外的人太過親近嬰兒，以免抵抗力弱或適應力差的嬰孩受到外來因素的影響。

因此，在善意地為新生兒家庭慶賀之餘，保持禮貌性的適當距離、注意個人衛生習慣及勿逗留太久，並給寶寶和其家人足夠的休息時間，才是真正貼心地表現。

23 小孩出生之前，房間裡最好不要放嬰兒用品？新生兒的衣服洗後要倒著晾？

相信許多新手父母對於孕期的變化以及新生兒照顧的手忙腳亂，都不以為苦，最為苦惱的，應該是旁人口中眾多的「這個不行、那個不行」，搞得自己無所適從。壓根就不信的人還無所謂，半信半疑又不想照單全收的人，最是難受。

除了為敬畏胎神和床母之外所限制孕婦做的一切行為，還有老一輩的人禁止孕婦在睡房裡擺放嬰兒床或者其他用品。因為這時孩子還沒出生，而這些用品有昭告天下的作用，易讓鬼神先盯上這個孩子，出生以後便會不好帶、甚至養不活。另一說則更為驚悚，預先放了小孩的用品會讓神明誤以為小孩已經生出來了，就將這家的嬰兒名額收回，孕婦腹中的胎兒自然不保。

從科學的角度來看，這樣的說法可信度當然是相當低的，除了說明古人對「生育之事」，極度重視到為求順產而無所不用其極的渴望之外，若真要揣測其真正用意，多半是希望孕婦睡房裡的動線盡量簡單整齊，別因為開心興奮就堆滿暫時還用不上的東西，讓孕婦半夜起床或者在房裡走動時，比較容易發生碰撞或跌倒的意外。

當然在禁忌之外，通常也會有通融之處，所以配套解法就是，準備的用品只要不放在孕婦睡的那一間房裡就可以避開了。

還有部分的嬰兒出生後日夜作息顛倒，白天睡得香沉，一入夜之後不但不睡，還哭鬧不停，因為生產未滿月的孕婦和嬰兒是不能到廟裡去的，無法立即帶去收驚。有經驗的老人家會把嬰兒貼身穿的紗布衣，洗完後上下顛倒掛在外面晾乾，且一定要在太陽下山前收進來，以免日落後衣服內沾染上鬼怪，用意在於「把日夜顛倒的作息給調回來」，以此方式來治「夜啼」的毛病。

從小兒科的衛教護理來看，嬰兒哭鬧不止的原因相當多，分為生理、心理及病理三大類，父母或是主要照顧者必須很有耐心地觀察及一一測試才能找出原因。把嬰兒衣顛倒外掛，除了確保孩子穿的衣服乾爽之外，長期夜哭的嬰兒勢必影響到其他家人、甚至周遭的鄰居，照顧者既要哄住孩子還要牽掛吵到別人，難免心力交瘁。

而這件倒掛的嬰兒服正是一個告知四方「家有夜啼兒」的最好說明，有經驗的人一看就能明白，想必這家的媽媽已經試過所有辦法都找不到孩子哭鬧的原因，無計可施之下才用這個方法試試，有同理心者就能諒解。與其說倒掛嬰兒服可以治療子孩的夜啼，倒不如說是給嬰兒父母一個寬慰自己的心理療法呢！

24 學步時期的幼兒不能踮腳尖走路，否則容易引鬼附身？

「三歲看大、七歲看老」，儘管對於孩子身心發展的小宇宙，我們了解得還不夠透徹，但是對於幼兒時期心理和生理培養的重要性，少有人敢忽視，深怕此時沒有打下良好基礎，錯過和學習和成長黃金時期，會耽誤了此後的一生發展。

也正是因為過於重視、甚至「誠惶誠恐」的心理因素，造就了許多育兒時的禁忌規則，好像稍一不留神，就會踩到育兒「地雷」一般。

孩子大約在一歲左右開始學走路，不但模樣可愛極了，家人也為這樣的進步感到驚喜與感動。學步時期跌跌撞撞在所難免，不過老一輩的人十分在意小孩子踮起腳來走路，通常會要求父母設法矯正這個習慣，否則小孩容易不好帶。

所謂「不好帶」的緣由，應該是來自民間的「鬼抬腳」傳說。古時候的人相信人在被鬼魂附身後，整個人會被抬起、像演雙簧那樣兩者一前一後緊貼在一起，由於普通人的肉眼看不到鬼，所以只見到被附身的人踮起腳尖走路，腳跟懸空卻能穩若泰山，這種行走方式超乎常理，就被稱為「鬼抬腳」了。

事實上，小孩子在學走路時，正是一個感官的探索期，根據小兒科醫師的說法，有些孩子喜歡踮腳走路可能源於好玩、也可能因為腳掌接觸地板時過於敏感的緣故，只有很少數的孩子是因為自閉症或是腦性麻痺等疾病所致。家長只要細心觀察孩子一段時日，只要沒有伴隨其他症狀出現，便可確定只是過度時期的動作而已。

由此可知，踮腳易被鬼附身之說當然不可採信了，但是卻提醒父母，對於成長階段孩子的一舉一動，父母或主要照顧者的確應該給予自由發展空間，但卻不能不暗中留心和仔細觀察。

就像在育嬰過程中，老人家常說，不可以給睡覺中的孩子照相否則孩子容易「掉魂」、睡覺中親吻孩子會讓他「歹育飼」、不可以吃雞爪不然會撕破書、給孩子吃拜拜的祭品容易招鬼神……聽完這一連串的說法，現代的媳婦大概都會冷笑一聲斥為無稽，不過仔細想來，上一輩傳下的禁忌未必全都沒有道理。

孩子熟睡中如果不小心用了有閃光燈的相機或手機替他拍照，或突如其來的親吻，可能讓他因而受到驚嚇，而睡眠又是嬰兒成長中最需要的條件；雞爪無肉多骨，大人都不容易啃食了，幼兒吃了恐怕會傷到口腔或吞下細碎的雞骨；拜神鬼的供品都需要過一炷香的時間才可以收下來給人吃，保存條件不佳，容易孳生細菌而腐敗，抵抗力弱的幼兒吃了生病的機率比成人高得多。

下次聽到這一類的禁忌時，不妨從「這麼做，對寶寶有什麼好處」著眼思考，或許陳舊無稽的傳說背後，仍然有值得參考的智慧。

單元二

關於喪禮、慶生、探病、節日

25 包紅包有哪些禁忌？

古時候舉凡婚喪喜慶邀請賓客的聚會，除了自家殺豬宰羊，還得額外出錢僱用人手來一起完成這些儀式，一筆額外的金錢支出是必須的，因此受邀的人就以致贈禮金的方式，一方面表達自己的心意，一方面也替對方減輕一些負擔。某種程度上來說，含有互助互惠之意，而且習俗上，**回禮的金額會比收禮金額多添一點，表示「不占人便宜」的厚道**。

不過隨著社會環境的變遷和城鄉差距之別，在禮金上除了要考慮到數字是否是吉利的雙數、與對方的關係親疏、出席的人數之外，宴客的場所，也是一個金額設定的考量。

單純以場地及每席的花費來說，大都市比鄉鎮要高、北部又比中南部多，所以才會有所謂的「紅包行情」一說。或許有人覺得參加親朋好友的喜事，還得秤斤論兩地計較紅包金額，不免市儈，不過仔細想想，如果我們是真心祝賀對方，在自己能力範圍內盡可能給予祝福和幫助，也是一種貼心的表示。

若遇到好友舉辦婚宴的場地相當豪華，但自己恐怕又負擔不起太體面的數字，那麼可以包一個不低於基本數字的紅包，再加上一份禮物送給新人即可。

禮物可以是個人親手製作的紀念品、有吉祥意義的生活用品，或者對雙方都具有紀念價值的物品，溫暖的創意和巧思，絕對可以超越真金白銀所帶來的驚喜！不過如果是這樣的狀況，最好一個人前往，不宜再找人同行，多占了一個位子就不太恰當了。

另外，在送紅包時，也要注意紅包的外觀是否乾淨完整，破損的還是不用為好，否則有福氣折損的忌諱。至於婚宴中送的紅包可以封口，因為有

「只送一次」的寓意，但如果給長輩的賀年紅包或者給晚輩的壓歲錢，因為是「年年都有」的，除非你想告訴對方「僅此一次」，否則千萬記得不要黏合封口。

值得一提的是，近日市面上甚至出現了智慧型手機的應用程式，提供使用者輸入各種條件後，做出「建議禮金和賀詞」的紅包行情軟體（App），可見無論時代如何演進變遷，大多數人還是追求「不失禮」的普世價值。

至於是否盡信，還是得回歸個人價值觀和經濟能力，禮數到位固然受人歡迎，但台灣俚語也說「有來有往，無來清爽」，假如禮俗演變到令人覺得難以負荷的地步時，就有變通的必要。交情夠好的朋友，可以跟對方約定好以後不要互相餽贈，反而舒服自在；而如果理念不同、又不是來往親密的人，或許我們也該思考如何學習人際網絡裡適當的「斷、捨、離」。

26 為什麼紅包可以補包，白包卻不能補？

俗語說：「福無雙至、禍不單行」，人情世故反映在婚喪喜慶的表現上也是如此，我們**希望好事能夠接二連三，壞事則到此為止**。

如果遇到的是婚嫁、祝壽、生子等喜慶之事，若因故不克前往，大部分在事後是可以補包紅包的，因為**好事不怕一直來**，就算是我們錯過了儀式慶典或送禮的時機，而主人家又不習慣事後再收紅包的話，也可以權宜採取買等值的禮物餽贈、郵寄匯票、請對方吃飯、甚至是等下次對方有喜事時，再增加禮金的金額表示心意等方法來彌補。

但如果對方辦的是喪事，那可就截然不同了。失去親人的痛楚不會有人想要一再體驗，因此，**俗稱白包的「奠儀」是絕不可以事後補送的**，因為隨著喪禮的結束，表示到此為止，不再發生。**若事後再收取奠儀，意謂著此家**

人還有另一場喪事，是相當晦氣的事。

順帶一提的是，在收取奠儀的過程中，喪家千萬不能因為表現客氣就和送奠者互相推辭，必須毅然收下的原因並不是貪財，而是在推辭的過程中，等於把喪家的凶氣推給送白包的人，反而變成十分不禮貌的舉動。

如果因故無法參加至親好友或重要人士的喪禮，或者一時之間找不到人可以代送白包時，也可以用打電話或發電報的方式，事前向喪家說明致意；假如事後想要追思悼念，也可以徵求家屬同意後，再到對方安葬之處緬懷即可，千萬不要再擅自做出任何不恰當的「補救」措施，以免使喪家的心情雪上加霜。

27 收到拒絕不了的紅包時，可以退回嗎？

如果說每個民族必須要以顏色來區分的話，中華民族與「紅色」絕對是密不可分。

自古以來，紅色見諸許多文化圖騰與節慶布置及正式的建築裡，不到時節、不夠身份的，還不能輕易使用。所有紅色的物品，都被賦與正統、高貴、福氣的意義，是深受華人喜愛且崇敬的顏色。故此，一切值得慶祝的事，我們都用紅色來裝飾，民間也深信，紅色有驅煞避邪的功能，邪去則福至，還有招來福氣的正面意涵。

中國人多禮，不論開心難過，除了口頭表達之外，還會送上禮金表示關懷，不過有時人情世故講求禮尚往來，收了禮日後還是得找機會還，碰到了不想收禮而又真的無法推辭時，該怎麼做才能不折損對方好意、又不令自己為難呢？

一般來說，**對於無意收下或不能收下的禮金紅包，可以只留下紅包袋，亦或撕下一角紅包袋口的紅紙，同時口中唸道：「有紅就好！」**之後再把袋裡的錢拿出來歸還對方，即等同於收下祝福或感恩的正面能量。

不過在喪事用的白包上，可不能這麼處理，**直接退回白包，在禮俗上被視為是將喪家的凶煞之氣推回給送奠儀的人，不僅失禮也讓人覺得觸霉頭。**

喪家言明不收白包時，其實拈香致意是最好的方法，但仍想送香奠以示慎重者，就要有被退還的心理準備。

不過喪家不會直接連錢帶白紙袋還給送禮者，通常不收白包的人家都會在身旁隨時準備好紅包袋，等到有人執意送上白包時，喪家會把白包裡的錢全數抽出，放入紅紙袋後，再向致贈者表達謝意。此時放入紅包袋的錢，已有淨化及避邪之意，送禮者毋須介意。

如果再講究一些的，喪家會將要退回的紅包袋，經由第三人之手，再還給送禮的人，表示已經全無喪氣，也是一種不想家裡喪氣影響他人的體貼動作。

對於紅包袋撕角的含蓄之意，也不是人人可以領受的，某些特殊用意的紅包禮，就不適宜這麼做。例如買彩券等被視為「偏財運」的中獎時機，有時中獎者會包紅包給商家或身邊想要沾喜氣的朋友「吃紅」，若不想拿錢，可以只收下紅包袋但不適合撕下袋角，因為分紅者會認為被撕走一角的紅包袋形同自己的運氣「缺角」，不完整的運氣好比缺了一角的大鈔，雖然好看卻無法使用了。

無論任何原因，送上紅包的一方本是出自一片好意，但須知公家機關、醫療機構和部分企業，可是明令員工不得接受招待、收受紅包或等值禮品的，若是自己的感謝心意，成為他人的困擾可就不好了。

28 收到紅白帖，若臨時無法出席該怎麼辦？

做個禮數周到的人，不僅是自身良好禮教的表現，同時在人際關係複雜的社會中，也比較容易受到歡迎，不過在力有未逮時，你會怎麼應對呢？

台語俗諺中就說道：**「人情世事陪夠夠，無鼎擱無灶。」**這告訴我們對於親朋好友的婚喪喜慶，我們總希望在這些重要時刻裡，能夠面面俱到、永不缺席。不過再怎麼說，仍會遇上力不從心時候，如果硬是要打腫臉充胖子，想要風光應付好所有大小紅白喜事，可能會弄得自己心力交瘁、甚至面臨無米可炊的窘境。

即使不是經濟層面的考量，在面對繁瑣細碎、卻又無法置身事外的人情世事，偶然因為陰錯陽差而沒能跟上，雖然心中有憾，但也不必過於自責，找出恰當的心意表達方式，就算亡羊補牢也猶未晚矣。

現代社會中人人生活忙碌，有些親友疏於聯絡，無法在第一時間取得正確的聯絡資訊，造成被邀請者到了儀式前不久、甚至儀式過後才收到通知，如果是交情甚好的朋友，送不送禮還在其次，口頭上至少應該打聲招呼，完全不聞不問就顯得失禮了。然而在習俗上，紅事與白事的處理方式，又不能混為一談。

好事成雙，不怕接二連三，只要是不觸及對方長輩的忌諱，俗稱喜慶的「紅事」，可以做的補救措施比較多。如果是臨時接到了文定、嫁娶、滿月、入厝或做壽等邀請，真的有事分不開身，可以請雙方共同的朋友代包禮金或致贈禮物。即便身處異國，也可以使用匯票、匯款或送禮物、拍祝賀電報的方式進行。

假如時間或人力上實在來不及處理，較好的方式是先親自致電對方，祝賀之餘也為無法出席致歉，事後雖然不宜再補送紅包，但可以選擇送結婚禮品、請新婚夫婦吃飯，甚至等下一次對方家中再有喜事時，把前次缺的禮金補上，便顯得誠意十足了。

不過，遇到俗稱喪事的「白事」時，就要更加小心處理。如果身處海外、臨時得知至親好友過世無法及時返國，可臨時委由家人或朋友訂送花籃、輓聯或者請朋友代包奠儀，拍電報弔唁也是可行的。

在古時候社會整體經濟條件較差的時空背景之下，部分喪家也許因為無能力做足七旬法事，在人往生後不久便草草將大體火化或入土，但習俗上仍允許在「滿七」（即亡者身故七七四十九天之時）喪家尚未除靈之前，皆可補送香奠，也算聊表幫助喪家度過難關之意。

但是換個時空場景，在生活步調與場地條件都不允許慢慢來的工商社會裡，喪家多半採取較為簡單的方法，一旦告別式結束後即使尚未滿七，也會同時進行除靈儀式，意指喪事到此已經告一段落，之後便不可能「補送白包」了。畢竟喪事是可一不可再的負面經驗，也絕不可能接受「下次辦喪事再一起包」的晦氣說法。

習俗雖與法律不同，沒有絕對的對與錯，只是因地、因人、因時而異，如果不確定時，在出手前一定要先問清楚，以免表錯情不說，還造成喪家的困擾。

紅白帖的回禮，原則上只是藉助有價的金錢和物品，表達個人的祝福或慰問之意，也有人際間互助的精神象徵，除去了這些物質形式，最珍貴的，莫過於人與人之間的情意傳遞吧！

29 家有喪事，新人為什麼要趕在百日內完婚？

中華民族對孝道甚為重視，先人往生後往往需要長時間的追思及悼念。在〈禮記・問喪篇〉中，即有明白記載：「孝子喪親，哭泣無數，服勤三年……」家中長輩過世，三年內家人應該是心情悲慟的，不但食不知味、無心欣賞音樂，甚至再好的房子住起來也不覺得舒適，並應杜絕一切慶賀玩樂之事。而唯一的例外，大概就是嫁娶之事了。

家中長者過世一百天或三個月內，如果不將之前訂下的親事完成的話，就必須等到守孝三年滿期後（現在也有縮短至居滿一年的對年後）才能再舉行了。趕在百日內完成婚事，閩南地區慣稱為「百日娶」、「乘孝娶」或者「暗娶」，會有上述不同的稱呼，乃是因其時機、用意和形式而來。

「百日娶」多半是因為長輩在生前已經為晚輩訂好了親事，但來不及舉行婚禮，長輩的身體就已經不行了，彌留之際晚輩為了讓長輩安心，便會盡快舉行婚事，讓長輩走得安心。此時男方仍要聘媒人前往女方家報信，新娘亦依照古禮乘花轎、穿紅衣至男方家，但因男方家此時已在準備喪事，所以不能像平時辦喜事一樣大肆張揚，所以也稱為「暗娶」。到了男方喪家之後，剛過門的新娘須在紅色嫁衣外加上一件麻質的孝衣再進入大廳，這就是所謂的「乘孝娶」了。

舉行「百日娶」時，因為不能辦喜宴，也已收過白包了，所以不能再收紅包。這除了是完成長輩心願的孝行之外，「百日娶」也有其實際考量一面。

首先，農業社會裡，家中人口越多越是家族興旺的象徵，人多生產力強，務農工事不需假手外人，自然能聚財。若因長輩過世而三年內不能嫁娶，就等於延遲了繁衍後代的重要任務，因此提早在百日內結婚不但可增加人口，還可能有「三年抱兩」添子孫的機會。不但讓往生者看來有子孫滿堂的好命景況，實際上家中也能多一位媳婦幫忙操持家務和傳宗接代。

再者，平日裡不管是男婚女嫁，從提親、納采、迎娶到布置新房，都是一大筆花銷，在家境不寬裕的農村地區，利用家中發喪的時機同時完成終身大事，雖不收紅包、卻也省了一大筆的開銷，也能沖淡喪事的哀傷。

無論是上述哪一種原因，父母長輩最記掛的無非是子女的終身幸福，如果雙方已經過慎重的思考，又能兼具讓長輩安心地前往另一個世界，百日之內完婚又何嘗不是一件好事呢？

30 為什麼家中有喪，孕婦要在肚子上綁紅帶？

生兒育女是古代婦女的重責大任之一，為了順利繁衍香火，平日必須從事下田耕作、紡紗織布等勞力工作的女性，方才能夠因為懷孕而得到一些「優待」，只不過怕有時旁人不知體諒或不肯配合，故此衍生出許多「禁忌之說」讓人不得不從。

例如過年時孕婦「看炊粿，粿不發」，炊粿不發是大凶之兆，孕婦當然就能遠庖廚休息了；「不能拿剪刀剪東西，否則小孩會兔唇」，可自然名正言順停止做縫縫補補的針線活；「不能參加婚禮，吃別人的喜糖、喜餅」是避免情緒過於興奮而影響胎兒胎動；「禁止看動工、上樑」當然是要孕婦遠離工地這類危險場所。

這些表面上看似莫名其妙、甚至有些歧視意味的習俗，其實不只希望孕婦自己要注意，連同周遭的人也得一併遵守和協助，雖然有時讓人覺得困擾，但其出發點實為善意。在現代社會中，有些背景已經不同，倒也不見得勢必遵守，但瞭解其背後的含意再自行斟酌，仍有其必要。

尤其是遇到婚喪喜慶這一類大事，通常是以「喜喪相沖」或「喜沖喜」的禁忌來阻止懷孕婦女參加，真正的用意應是在於避免孕婦情緒過於激動、參與過程太勞累或是減少接觸人群和傳染病的機會。

孕婦必須避開他人喪事是源自於喪事帶煞，可能影響腹中胎兒，甚至導致流產狀況發生的民俗見解。不過當遇上自家有喪時，不太可能全程不參加，此時可視親屬關係遠近，採取不同的安全措施。

若以已出嫁的女兒出席娘家長輩喪禮為例，因為已是外嫁之女，在喪禮中的「孝」算是比較輕的，可以用紅布條摺妥後纏在肚子上，以防止沖煞。

實際上這還有另一個目的，因為考量到行動不便的緣故，孕婦在喪禮中是不用跟著跪拜的，有的人身形還看不出懷孕時，外人看到可能會覺得奇怪，因此纏上紅布大家就知道是怎麼回事了，在行走與搬運東西時亦會留心不要碰到孕婦。

另外在喪禮中常會吹嗩吶打鼓，為了使孕婦不受到突如其來的驚嚇，如果現場有繫紅布者，師公（道士）也會先通知一聲，而亡者如果是同宗族的叔伯兄弟時，則將纏紅布改為繫紅線即可，離去之前也可以向師公索討淨符。

但是遇到公公婆婆或是娘家父母的喪禮則就不同了。身為媳婦或女兒的孕婦不但應該要戴孝，腰間也要改紅布為白布。纏白布的目的不在於解決沖煞問題，因為至親沒有這種顧忌，此舉是在替腹中的胎兒戴孝，表示孫兒來不及出世為（外）祖父母服孝；有時久病或意外辭世的父母，還來不及知道這個喜訊，纏白布也等於告慰亡者已經要做爺爺奶奶了，希望他們能保佑孫子孫女將來平安成長。當然旁人留意到腰間纏布的婦女，不論是紅或白，都有提醒的作用。

另外，不論是紅布、紅線或白布，應該先丈量過棺材長度，與其等長或稍長才行，太短的話據說就沒有防沖煞的功效了。不過習俗因地而異，也有些地區不論親疏遠近，統一以紅布繫於孕婦腰間即可，並簡化為防止喜喪相沖及提醒周遭人留意的意義了。

31 娘家親人過世，嫁出去的女兒需要包白包嗎？夫家需要另外再包嗎？

人一旦往生後，家屬便需開始籌劃一連串的祭奠儀式，我們稱為「做七」。每七天為一輪並舉辦一次儀式，從頭七到七七，共需經歷四十九天，最後一天晚上徹夜做法事後，隔日即可出殯下葬。

這七次儀式裡，大部分都由娘家的兄弟主導進行，女兒是不能多插手的，唯獨「查某仔巡」的所有祭品和法事費用，都必須由已嫁的女兒們分擔，略有不同的是，閩南人習俗裡的女兒多半做三七，而客家人則是四七。

傳統的做七儀式，每一個負責人物的身份也略有不同：「頭七」是由兒子準備、二七是媳婦、三七是已嫁的女兒、四七是姪女、五七是出嫁的孫女及姪女、六七是出嫁的曾孫女或姪孫女，到了最後的七七或者滿七又回到了兒子張羅，這樣依與亡者不同親屬關係而輪流主理的安排，多少隱涵「責任分攤」的用意，以免喪家的孝男孝媳在精神、體力和金錢上不堪負荷。

不過隨著時代的演進及家庭結構簡化，不見得個個家庭都能做滿七七，於是變通為把原本七天為一期，縮短成兩天就做一個七，也是情有可原的。

值得一提的是，無論在做三七或四七時，外嫁女兒的祭品中必須有一顆「豬頭」，之所以不用雞頭或鴨頭，不外乎是因為豬頭價格不是太昂貴，又比較顯眼好看的緣故。也有人因為省事，只做頭七和尾七，所以將豬頭一併挪到出殯當天做牲禮，才會有「在生一粒豆，卡贏死後一顆豬頭」的俚語由來，主要是告誡子女，事無大小，父母在世就應當盡孝，切莫等到父母往生後才想風光大葬了事，就一點用處也沒有了。

至於夫家是否該特地包白包也見仁見智，一般來說，如果已經做了「查某仔巡」了，夫家就毋須另外再包奠儀。即使夫家真的想再封白包給親家，金額勢必也不會多，因為在中國人的習俗裡，白包不僅是要求單數，表示壞事只有一次、不會成雙，再者，金額也不是比照紅包，包越多表示情份越濃厚，**白包的準則只是慰問喪家和貼補喪葬費用，剛剛夠用就好，誰都不希望「多了留給下一次用」的晦氣**。

如果遇上了平日比較熱切往來的親戚往生，如姑姪之親，想要多盡點心意，有人會以「貼拜」的名義行之，把錢直接給喪家用以贊助部分喪禮所需費用，就比較沒有金額多少的限制了。喪家會視需求自行分配花在什麼用途，之後再回一份「貼拜禮」感謝。

除了直接致贈金錢之外，也有人會送罐頭塔或花籃、花架的方式幫忙布置會場。喪禮講究的是對往生者的追思及喪家的體貼，金額多少倒在其次，慰問家屬之餘，回頭審視自己現在擁有的一切並加以珍惜，恐怕才是在令人哀傷的喪禮中，我們所能得到的最大收穫吧！

32 不管是婚禮或喪禮，為何結束離開時都不能說「再見」？

大多時候，我們都認為「禮多人不怪」，太多禮總比沒有禮貌好。不過在此要提醒諸位，在某些特定場合或時機，如果因多禮而做出一些多餘舉措，很可能反而會造成雙方的不悅或困擾。

原本大家認為除了參加喪禮要持重肅穆、神態哀慽之外，相對喜事應該是比較沒有那麼多禁忌的，而如果你也是這麼認為的話，那可要特別小心，別在無意之中誤踩人際地雷了。

在喪禮中，向亡者致意、向家屬致哀之後，離去前如果要與相熟者或遺族告知，不能以「再見」表示之。因為喪家都只希望家中有人亡故的事情不要一再發生，而**在喪禮中說再見則有下一次還要在喪禮見面的聯想，容易讓**

家屬感到心中不舒服。

因此，如果要向喪家道別，不妨直接說「請節哀」，鞠躬後便可直接離去。

此外，不說再見也因為有另外一種說法，相信喪禮現場因為較容易聚集一些負面能量或孤魂野鬼，說了再見會讓他們知道你要離開了而跟著你回家，對前來致哀者反而也是困擾。

而婚嫁中不說「再見」的原因，則是因為避諱「分離」之意。在訂婚宴中，女方會為男方家親友特別準備一桌酒席，男方只能吃到一半就要悄悄離開，意思是不能吃到曲終人散時還和親家相辭，應避開道別的畫面。

而在婚禮結束後新郎新娘送客時，除了吃喜糖、跟新人合照之外，最好也以恭喜或早生貴子等吉祥話代替「再見」，也是避開離別等不吉利的聯想。

此外，在婚禮中，也請記得如果平日裡習慣說一些不好聽的口頭禪，如「完蛋」、「死了」、「糟糕」等，務必在喜事當日管好自己的嘴，如果口不擇言胡言亂語，讓新人或長輩心裡不痛快，那你可就真是太失禮囉！

33 家裡有人往生最好避開晚上的時辰，否則會帶走家中的福氣？

人的生與死，如果不刻意施加外力，應該都是自有定數的。不過因為相信命理的人，深信一個人的生死時辰，不僅會影響到個人的一生，甚至還會影響到家族和後代子孫，也因為這樣的理論，綑綁了不少人對自然生死無法釋懷的觀念。

台灣習俗裡，認為家中長輩如果是在清晨或早上死亡，對於家屬來說是最有福氣的，因為一天都還沒有開始，沒有吃到家裡任何一餐就離世，全部留給子孫；反之，吃飯吃得早的古人，若在傍晚吃飯之後到子時之間去世的，會被視為「呷三頓」後才離開，不遺留一點給後代，會讓家中的財氣和福氣「沒剩」，子孫就會變窮或沒飯吃。

因應這種禁忌說法的流傳，靠著現代醫學的昌明，家屬會可以與醫院商量，如果晚間病人的狀況危急時，醫師都會協助使用藥物或儀器讓病人延續生命跡象，視家屬或病人的意願回到家中，再讓病患嚥下最後一口氣，甚至幫助病人熬過午夜再斷氣。

但是，在醫療技術還沒有辦法做到這樣延命協助的時候，病人硬是撐不過在半夜往生了，家屬又該怎麼辦呢？為了讓家屬心中不要留下長輩帶走所有福氣的疙瘩，還是有變通方式的。

在亡者做頭七時，道士會準備三碗飯放置於靈前，請家屬開始求亡者，本著疼惜子孫家人之心，先拿起一碗飯，象徵留一碗飯給家人吃，如果獲得應允，可再求留下第二碗，如果亡者此時不允許，便不再求。

有時，家屬會一直擲錢幣卻得不到亡者的同意，就開始由家中不同的人來求，求到亡者同意至少留下一碗飯為止。如果最後的結果還是得不到亡者的首肯，只好強行端走一碗飯並請往生者諒解的狀況也不是沒有，這樣的儀式，就叫「乞米」或「求飯」。

所謂「求飯」儀式，對於在世家屬的心理寬慰作用大於實質意義，透過請求亡靈的同意，發揮心理補償作用，以免日後有什麼損失或不如意的事在家裡發生了，人人不求自我反省或預防之道，反而事事怪到那位在晚上死去的長輩身上。

如果暫且撇開命理或玄學不說，老人家盡量避免在晚上過身的忌諱，最主要應該還是來自對於家屬處理身後世的不便。

正常狀況之下，老人家身體情況惡化時，全家上下應該正處於一片焦慮和傷心的氣氛之中，如果突然在晚上撒手人寰，臨時要找道士、助唸者或處理殯葬事宜的幫手都不容易，不但家屬手忙腳亂，還得忍住傷心煎熬，等待一整晚之後，第二天清早再去找人來幫忙處理後事。假如是在清晨或白天往生的，家人雖然同樣難過，但很快就可以找到人來協助處理，或多或少減輕喪家的煩惱。

其實真有孝心的後代子女，肯定都會希望奉養長者父母到最後一刻，不管老人家是否吃完三餐才離開，只要子孫勤懇上進，相信日子過得不會差到哪裡去。反之，平時就不善待孝養父母的人，還有何顏面敢於奢求老人家往生後，繼續庇蔭不肖子孫呢？

34 夫或妻不可送葬，否則表示要再娶或再嫁？

「事之以禮、葬之以禮、祭之以禮」的儒家思家，影響深遠，從活著、去世到祭拜，都有一套禮儀。民間或許不甚了解箇中真諦，卻巧妙的利用儀式的過程創造出特殊的含意，有時看來愚不可及，不過用心體會，倒也能領略一二。

喪父喪母，由於父母年長或長年臥病在床辭世，親人雖然難捨但已經多少做了心理準備，傷痛的程度較輕；但如果是中年或年輕喪偶，多半更讓人無法接受。所以俗諺有云：「死某踏破磚，死爸無人問。」雖然落差好像誇張了點，不過也點出了世俗對伴侶比父母更為重視的一種看法。

傳統中妻子去世的男人，我們稱為鰥夫，在服喪期間稱之為「杖期夫」，意思是夫為妻服一年喪，且因為悲痛難當，茶飯不思沒有體力，只有靠著拄杖才能行走；但是若因為男子的父母都還健在，為了侍奉高堂不能如此自暴自棄，就自稱為「不杖期夫」了。

而失去丈夫的女子稱為寡婦，舊時也稱「未亡人」，不過有人認為這個名詞有貶抑女性「是還沒死的那一個人」的意思，因此逐漸改用以「妻」稱之。不論是男女哪一方先死，都不能出席對方的葬禮，一方面是怕亡者最後一刻會心生牽掛而無法安心前往西方極樂，另一方面也是擔心生者在葬禮上太過傷心。

另一種看法是，如果活者的一方還有心力和體力跟著送葬隊伍一起出發、甚至走上山頭，表示對於亡者並沒有過多的依戀或不捨，再婚的機率相對就高。尤其古時候對寡婦的要求更為嚴格，認為守寡之人更應該深居簡出，在人來人往的葬禮上拋頭露面，就算沒有招蜂引蝶的嫌疑，也容易惹來有心人士的覬覦。

如果中、老年喪偶，多半沒有是否再婚的念頭，但假使年紀還輕，抑或有小孩要撫養成人，就不得不另做打算了。因此，在才發展出「鰥夫跳棺、寡婦送葬」即代表有意再次嫁娶的特殊意涵。

「跳棺」（或稱「過棺」）是指喪妻的男子，在妻子的棺木兩邊各放上一只長板凳，男子拿著雨傘、揹著包袱做遠行的打扮，一邊跨過靈柩，還要和道士互相一搭一唱，嘴裡要唸著：「你轉唐山，我去台灣。」並表明賺了大錢回來要再娶妻等說詞，讓亡妻知悉兩人自此分道揚鑣，日後若丈夫再續弦，亦不會再遭亡靈騷擾。

而想要再嫁的婦女，若跟著隊伍一起送葬，就會被視為日後要再嫁的宣示，在男女不平權的時代，這樣做確實需要比較大的勇氣，往往也會招來「大面神」（不要臉）的負面非議。

如果是中年喪偶，一時半刻又沒有心思想著日後是否再嫁的女性又該如何？民間有一種權宜的做法，就是在丈夫出殯當天，妻子照樣露面，但是拿張凳子坐在家門口，身體在門內而雙腳則跨在門外，表示自己還沒有決定日後到底是守寡到底或者琵琶別抱。

無論哪一種做法，其用意都在婉轉昭告親朋好友自己的決定，隨著喪葬禮俗的簡化，許多儀式早已不復見，況且現代人注重隱私，感情生活是極為個人的領域，如果當事人不想藉此時機表態，外人即使再關心也不適合咄咄逼人。無怪俗語也勸人：「死某換新衫，死尪換飯缸」，生者再傷痛，日子都要過下去，試著豁達一些，才能讓自己活得更好。

35 老人家過壽不能報出年紀，否則易被閻王惦記？

民間傳說裡，長壽的代表人物非「彭祖」莫屬了。據說彭祖的妻子一任又一任的去世，彭祖不但身強體健，且不斷續弦。在地府苦苦等候夫君黃泉相聚的妻子們，終於忍不住向閻王抗議：「為何獨厚彭祖長生不死？」

閻王翻生死簿遍尋不著這個名字，才發現原來漏掉了彭祖的名字，於是派牛頭馬面到人間拘人。為了確認彭祖的身份，又不使旁人起疑，牛頭馬面化身為孩童在彭祖居住的村莊河邊洗炭，路人經過，無不嘲笑孩童。

一日彭祖經過河邊看到孩童拿著黑色木炭不停地在漂洗，便大笑說：「哈哈，我彭祖活了八百歲，從來沒看過有人想把黑炭洗乾淨的！」這下子才鐵證如山，跟著陰差回地府報到去了。民間對於老人家過生日盡量低調且不報出歲數的禁忌，多少受到這個傳說的影響。

還有一說是通常長輩做完大壽後不久，駕鶴西歸的大有人在，生辰過後就是死忌，相當晦氣，一切皆因年紀越大、離黃泉之路就更近了一些，四處張揚自己的年齡，豈不是提醒閻王盯著你？

從理性的角度來看，古代人的娛樂及享受比較少，出生之後，只有周歲前會替孩童舉辦各種「度晬」、「抓周」等成長儀式，講究一點的人家等到孩子十六歲，再舉辦成年禮。男子娶妻後則由岳家替女婿過第一個生日（新生日），以及慶祝三十一歲生日（做三十一），除此之外，就是過五十歲的半百宴，否則通常得到六十歲才有機會慶祝了。

而古人的生日是相當隆重而繁瑣的，家中有老人過壽，通常全家人提前動員起來，像舉辦大型發表會一樣慎重。老人家平時生活簡樸低調慣了，但既然自己是活動的主角，就不免興奮許多，加上過壽當天要在半夜子時開始祭拜天公、拜祖先，第二天還要宴客，席間少不了要回敬賓客的祝酒，吃東西也不像平日那麼忌口。等賓客散去、壽宴落幕後，有些身子骨比較弱的老人家，經過了連日的興奮、疲勞、菸酒、油膩食物的交互作用後，健康馬上發出警訊，嚴重的甚至一命嗚呼。或許正因為如此，才衍生出不報歲數、過壽低調的禁忌之說。

現代人生活富足，年年過生日的大有人在，也不再是生活中罕有的大事。若舉行生日宴，多半時興在外面餐廳同樂，主人家只需事先訂好菜色，現場招呼周到即可賓主盡歡，如果老人家平日就注重養生保健，加上情緒控制得宜，在壽宴後就見閻王的機率應該能夠大大降低。不過既然是為了讓長輩開心，還是要尊重其意願，辦不辦生日只是形式，平日不忘孝親，才能真正令老人家受用、窩心。

36 為什麼過生日只能提早，不能延後？生日禮物可以補送嗎？

關於生日的禁忌習俗，多是來自於為長輩「做生日」時的注意事項。習俗上，幫長輩提前慶祝生日稱為「暖壽」，在生日當天慶祝稱「過壽」。每逢長輩年歲逢十或逢一，例如：五十、六十、七十，或五十一、六十一、七十一歲時，為人子女者則會幫家中長輩「做生日」。

因為過去相信歲數逢「九」不吉，因此為了避開忌諱，或為了幫長輩度過關卡，便會提早幫長輩「做生日」，若是延後便失去意義了。因此才會發展出「生日只能提前過，不能延後」，以及「生日延後過會折壽」或倒楣的說法了。

現在的年輕人，普遍將慶生當作一年裡最重要的日子之一，但是現代人工作相當忙碌，要找到一個大家都可以配合的時間並不容易，因此多會將慶祝的時間提早，如果真的無法赴約或是不小心忘記了，想要彌補的人仍是可以補送生日禮物的。畢竟生日是喜事，禮物或是紅包都是可以補送的。

另外，也可以詢問一下壽星，農曆生日是不是還沒有過？傳統習俗裡多是以農曆生日為主，在農曆生日之前都算是提前慶生。

如果真的連農曆生日都過了，這時候還可以送禮物嗎？如果真的很在意，其實民間還流傳一些破解的方法。例如：壽星若在生日過後收到禮物，只要給送禮物的人一塊錢，象徵這份禮物是購買得來，不是送的，就可避免掉心中的疙瘩了。如果還準備了生日蛋糕，那麼壽星可要求大家不要唱生日快樂歌，就把蛋糕當飯後甜點吃，這樣也算是不錯的化解辦法。

37 探病該什麼時間去才恰當？

人吃五穀雜糧，小病小痛在所難免，隨著醫藥技術的進步，人的壽命延長了，但也因科技和文明的發達，讓現代人的文明病也不少。大型的醫院裡雖然分門分科，但每天也都上演著生、老、病、死等不同的人生戲碼，所以在探視病人外還要留意一些其他的禮節。

傳統的說法是中午十二點過後到下午四點之間，因為陰氣最重，所以不適合探病，雖然我們無從證實這樣的說法是對是錯，但仔細從病人的狀態來看，卻相當符合邏輯。

通常患者在進食和午休的時候是不適合前去打擾的，除非特殊的病症，否則大部分病人精神比較好的時間，是集中在早上八點至十一點，以及下午三點五點之間。**晚上雖然是上班族方便的時間，但因為病人需要早點休息，**

因此並不適合在九點以後再去探病。而探病時間長度以十至二十分鐘為宜，以免影響病人休息。

探視病人時不宜穿著過於暴露的衣服，或噴灑味道太濃重的香水；在聊天或慰問時應注意音量，避免影響到鄰床的病人；病人在住院時難免心情低落或者容易猜忌，最好不要在病患面前交頭接耳說悄悄話，讓病患有認為自己病情是否被隱瞞的不當的聯想。在談話之間也應避免一些用語，例如「死」、「沒」、「完了」等字眼，以防刺激病人的情緒。

人一旦需要住院，便表示身體出現警訊需要好好的治療和休息，其實人來人往穿梭探視，反而讓病人無法得到適當的休息。但中國人好禮重禮，知道對方住院如果不聞不問反而顯得無情，建議可在探病前先用電話聯絡家屬，表達關懷並詢問是否適合前去探病，否則貿然前往雖然心意十足，不過有些人也許介意被看到病容或不方便起身回應，反而才是尷尬。

38 為什麼去醫院探病不能送菊花和鳳梨？該帶什麼伴手禮才合宜？

人生在世病痛難免，除非真不得已必須動刀，否則一般人多半不願在醫院多做逗留，也因此，一旦需要住院總會讓人有事態嚴重的聯想。

既然生與死都得有禮了，人在人情在的世故當然不能疏忽。若時間上和病人的情況允許的話，親自去探病還是可以為病人及家屬帶來溫暖的。

探病時我們習慣帶點伴手禮致意問候，只不過在醫院這樣的特殊場合，還是有一些送禮上禁忌要留意一下：

1. **不可送菊花或劍蘭**：送花是個好主意，可以美化病房的環境，也讓病人看了心情舒緩些，不過可不能送菊花或劍蘭這一類常用在喪禮或祭祀祖先場合的花。

尤其「劍蘭」音同「見難」，表示病不會很快好，老人家會覺得晦氣；但對於過敏或有呼吸道問題的病患，花或者有些有小孢子的植物盆栽裡易有小蟲，有可能引起過敏或發炎，較不適合。

2.不要送鳳梨、**香蕉**：鳳梨台語音同「旺來」，在病榻前可不希望病魔旺盛；「蕉」與「招」相近，也有招致疾病之意。

從醫學角度看來，病人適合清淡、易咀嚼、易消化的水果，味道太酸或太甜等口味太過強烈的水果都不合適，而香蕉素來有「傷骨頭」之說，比較不受骨科疾病患者或老人家青睞。一般來說，送水果時可選擇水梨（但不可分著吃，有「分離」之意）、蘋果、草莓、木瓜、葡萄等都是比較為大眾所接受的類型。

3.不可送時鐘：送鐘音同送「終」，也許身強體壯的人並不忌諱，對於生病在床的人無異是一種詛咒，千萬不要誤踩地雷。

送禮自然是希望寄予祝福及減輕對方因病痛所受的折磨，但有時還是要「量身訂作」，了解對方的狀況再出手。即使是一本解悶的書、一封喜氣又實惠的紅包或者一張寫滿祝福的卡片，相信病患都能感受到你誠摯的心意。

39 為什麼去霉運要吃豬腳麵線？

台灣有一句形容司法判決的俚語：「一審重判、二審減半、三審豬腳麵線。」意指一審時法官會施予重刑、二審上訴時法官量刑時會減少一半刑期或判得輕一些、三審時通常會予以無罪釋放，被告就可以吃豬腳麵線去霉運，重獲自由之身啦！

雖然這有點像打油詩的內容是在諷喻某種司法界的陋習或現象，不過倒很明確點出台灣人自覺倒楣或晦氣時，會以吃豬腳麵線以趕走霉運的習俗。

在台灣習俗中，麵線象徵福壽綿延不斷，雪白的麵線就像老人家長長的鬍子，也有長壽的吉祥寓意。至於為什麼是吃豬腳而不是雞爪或鴨掌呢？**因為豬腿有「勇健」和「富足」的形象，吃豬腳時記得一定要連蹄一起吃，才能把所有的壞事「踢」得遠遠**，否則效果可是大打折扣。也有人認為最佳選擇是吃豬的右後腿，因為最「渾圓、有力」，去除霉運的力道才夠強。

吃豬腳的另外一個說法，來自台灣俗諺「衰呷踏丟豬屎」，形容人走霉運時連路上不應該有或不常見的豬屎都能被他踩到，有點像古人說的「人倒起楣來，連喝涼水都會塞牙縫」這種極端的情形。如果踩到豬屎已經是倒楣的極致了，那麼不妨就採取以毒攻毒的方法，把最常踩到豬屎的豬蹄吃下肚吧！再加上有添福氣的麵線相伴，如此一來，事情不可能再壞下去，便能否極泰來，運勢轉衰為旺。

其實古時的老百姓多半是務農或是做做小生意，吃穿簡單、營生不易，並沒有太多的物質享受，在諸事不順心中最低潮時，能夠有一碗香滑軟嫩富含油脂的豬腳麵線吃，能不能真的去霉運不說，至少能滿足口腹之欲和適時給予「吃完了一切都會好轉」的心理暗示，也算是一種另類的心理療癒方式吧！

40 過年期間不能看醫生或吃藥，否則一整年都容易生病？

「是藥三分毒」，當人體出現生病的症狀時，表示身體的防線已經不足以對抗外來的細菌病毒了，想要搶救這座堡壘，就得靠藥來治了。不過藥能醫好病不假，但多少伴隨著副作用，如果能少吃還是盡量不碰為妙。加上古代醫藥知識系統並不發達，有些藥材又不是人人買得起，平民百姓生了病非但自己不舒服，還連帶拖累家人。

古人忌諱初一十五吃藥，據說是因為這都是拜神的日子，正在服藥的人代表身體不健康，一來是對神明不敬，二來古人認為「虛不受補」，生病的人氣虛福薄，這時候如果再求神明賜福，有點自不量力的意味。

到了農曆春節，更是諸多禁忌，原因不外乎是一年之始，不但要喜氣洋洋、諸事圓滿，和「窮」、「髒」、「病」、「死」等壞事有關的聯想，更是處處避忌，唯恐誤踩地雷，會讓來年都不順利。因此**大過年的非但不能去看醫生，就連長期服藥的人，大年初一也要停一天，表示不是「一年從頭吃藥到尾」，等到初二再悄悄地私下繼續服用**。

這樣擅自停藥的觀念，從文明病極多的當下來看，當然是不科學也不安全的，例如服用平穩血壓或抗生素之類的藥物，就是得按時用藥才能持續發揮藥效，加上過年期間大家打亂了平日的作息，難免吃得豐盛油膩、晚睡晚起，慢性病人假如再自動「放假」停藥，恐怕是要樂極生悲的。再者春節裡腸胃炎、感冒、腰酸背疼等應景的病一發作，礙於過年不看醫生的觀念，反而錯過了治療的黃金時間，把小病拖成了大病。

既然這個說法如此地不科學，為什麼還要一代一代地傳下來呢？從正面意義去思考，「吃藥」根本就不是一件好的事情，人生於世，不論有幾年的壽命和錢財，健康地活著，才是最大的福氣！因此，與其用藥物事後補救，不如在平時就多注重自我健康管理，力行正常吃飯睡覺、多運動、少自尋煩惱的生活型態。

想想看，如果一個人每個月都會留心不能讓自己在初一十五祭拜神明時生病、即使到舊年尾新年頭最忙碌的時刻，還會注意盡量不讓自己生病吃藥，否則明年一年的好運都將成泡影，這樣時時在乎自己身體的人，生病吃藥的機率，自然就比完全不注重生活規律的人低了。

所以習俗裡大年初一「忌吃藥、看醫生」的說法，若能轉換成「預防勝於治療」、「藥補不如食補」的思維，反倒變成了一種正向的提醒。

習俗禁忌的由來，皆與當時大環境的價值觀與文化背景有關，隨著時代的演進，現代人應該多發揮一點智慧，把這些原本已經不合時宜之說加以去蕪存菁，老掉牙的禁忌就不再只是毫無用處的迷信了。

41 大年初一不能花錢，否則會敗家一整年？

在華人世界裡，無論地域、語文有何差異，對農曆春節的重視程度，卻相當一致。就算因為文化背景不同在風俗習慣上略有差異，但祈求好運一整年而該做或不能做的心思，大同小異。

在台灣人口中，閩南與客家族群居多，在揉合了中國各個省份的年節習俗後，界限已逐漸模糊，除了做什麼可以討人喜歡之外，重點是「不要踩了別人的禁忌地雷」。

大年初一，時興早起「走春」，上親戚朋友家向人拜年道恭喜發財。台灣人喜歡說「有行有春（剩）」，而不論閩南人或客家人，都有初一吃素求好運的習俗，以及不殺生是對神明恭敬的表現。

唯獨比較特別的是，閩南人忌初一煎粿，因為粿（年糕）焦脆的口感叫「赤」，和「窮」的台語發音「散恰」近似；大年初一也忌吃粥，粥又叫稀飯，如果年節連一碗乾飯都吃不上，就代表未來一年很難有豐衣足食的日子過了。

部分地區的客家鄉親，有在大年初一不能花錢買東西、不掃地和不洗澡的習俗忌諱。據說在初一就買東西，這一年會變得窮困；而掃地和洗澡則會把好運趕走，這些不能做的舉動，目的正是為了「堵財」。

到了大年初三，客家人和主張初三睡個飽的閩南人不一樣，他們會起個大早，開始打掃家裡，把垃圾丟掉的同時，叫做「送窮鬼」，所以如果到客家朋友家裡去過年，記住問問人家有什麼規矩，千萬不要假裝勤勞賢慧，初一一早就出門大包小包採買，或是主動動手打掃清潔，貽笑大方事小，讓主人家覺得晦氣事大。

閩南族群也有類似的習俗，大年初一不可以買衣服，否則會變窮，也不能縫鈕釦，因為老人家說初一是「針」的生日，所以不能用針。

這些看起來沒什麼邏輯的禁忌，其實是要人及早做好計劃和準備，古早年代不像今日百貨商場林立，網路購物更是無遠弗屆，以前的商家多數只營業到除夕或除夕前一天就休息到初五開工之後，年初一除了走訪親朋好友或者廟宇名勝之外，根本沒有商家開門做生意，何況過年前多少都有折扣促銷，早點計劃買好一家大小食的用的，才能悠閒過年。

初一就急著買衣服代表無新衣可穿，打壞了從「新」開始的好意頭；再說，新年才剛開始，就要拿著針線縫縫補補，不但有讓人覺得這個家庭經濟不寬裕的聯想，同時，也無法讓家庭主婦們好好地休息，索性就歸咎於大多數最畏懼的「窮」字或編一些會冒犯神祇的名目，為了求得一年好運，大家自然要竭盡所能的遵守了。

42 端午節又稱「五毒日」，生小孩也要避開這一天？

民間信仰中，視五月為毒月，五日為毒日，因此將五月五日稱為「毒日」或「惡日」。這一天其實諸事不宜，更禁止生孩子，產婦再怎麼樣都要忍住撐過這一天，若忍不住而產子，孩子會被視為不祥之人，男害父、女害母。著名的「戰國四公子」之一的孟嘗君就是端午節出生的孩子，差點就遭到自己父親的殺害。

不過這只是古人的迷信或單純就命理上的論述，如果是擔心在炎夏毒氣醞釀的時節，正值產婦虛弱、嬰孩抵抗力差，人人又忙著過節等多重因素，會造成不利於母嬰健康以及不容易找人手幫忙等顧慮的話，現代化的醫療設備，已經能解決這樣的難題，假如家人不特別在意命理問題，倒也沒有「不可生產」這樣特別的忌諱了。

有人也將端午節視為回娘家做客的日子，因為古人的觀念中，不贊成夫妻在毒日行房，認為有傷身體，但表面上又不好明講，所以部分地方的習俗中，已婚婦女在五月初一至端午節這一段時間，是必須回娘家探親的，夫妻暫別數日，自然就避開了親密行為，也算是古時候的折衷之計。

「端午節，天氣熱，五毒醒，不安寧。」農曆的五月五日，大約在廿四節氣的夏至前後，也有人以「夏節」稱之。這時天氣日漸炎熱起來，蟄伏了一個冬天的五毒（蛇、蠍子、蜈蚣、壁虎、蟾蜍五種毒蟲）開始甦醒活躍，人類不一小心就會被牠們所傷。

所以家家戶戶門口插菖蒲艾草，還可以取來洗澡防蟲，插榕樹葉可以去煞避邪，俗語才說：「插榕清閒（好命）、插艾勇健」；大人小孩按照慣例，都要喝上一口嗆辣的雄黃酒，據說喝了之後五毒不敢靠近，最著名的傳說，莫過於人人耳熟能詳的「白蛇傳」裡，蛇妖白素貞被迫喝下雄黃酒現形的經典了。

那麼，端午節有什麼食物是能多多益善的呢？俗語說：「呷茄秋越，呷匏仔肥白，呷菜豆，呷到老老老。」吃茄子，使人回春，活力十足；多吃瓠瓜，則能讓人跟它一樣白白胖胖；而吃下長長菜豆則寓意長壽。

前面所提到的，都是當令應景的健康食材，其他還有古人深信具有療效的青草藥和中藥酒，在端午這一天，不論是外服或內用，都有替一家人的夏季保健趁早打好底子，以有效抵抗炎暑盛夏的心思蘊含其中。

43 農曆七月時，晚上不能拍照、不能從背後喊人名字？

農曆七月，是中國民間俗稱的「鬼月」，從七月初一凌晨鬼門開直到七月三十晚上的鬼門關這段期間，是老百姓過得最為戰戰兢兢的一個月，像婚嫁、入厝、買車等重要大事能避免就避免，實在避不了的，就要依照農民曆上的宜忌來挑選日子，甚至找擇日師特地找無沖無煞的日子才能安心。

民間信仰根深蒂固相信，每逢鬼月我們身邊會圍繞比其他月份更多意外凶死以及無主奉祀的孤魂野鬼，即為俗稱的「好兄弟」。這些好兄弟們，也許因為與人類雜處有意作弄，又或許是一年之間難得有機會到人間來找替身重新投胎（俗稱「抓交替」），所以一般人發生事故的機率特別高，才衍生出眾多的禁忌之說，不斷提醒民眾注意自己的安全。

一般人認為太陽下山後陽氣銳減，且越晚好兄弟的活動力就越強，到了子時（晚上十一點後到隔天凌晨一點）是陰氣最旺的時刻，最容易招來陰物，尤其是七月的晚上，更是諸事不宜。例如：不能吹口哨，因為頻率與鬼魂相近，會讓鬼主動靠近你。試想以前生活環境不像現代都市繁華，到處有燈光照明，聲音的傳達又比步行快，若昏暗中只聞其聲而不見其人，有誰會不感到疑惑、甚至害怕的？

鬼月另一個禁忌是晚上不能拍照，說是夜晚的閃光容易將鬼的樣子攝取入鏡，相片上的人身後如果出現疊影或有模糊不清的影像，相片中的人就容易出事。

事實上以前相機和閃光燈的製作水準沒有現在精良，相機還不算普遍的奢侈品，拍照者的技術也不夠穩定，所以在夜間拍照失敗的機率確實比較高；另一方面是不明的影子容易讓人產生不好的聯想，難免影響被拍攝者的心情或自我暗示「將有不好的事情要發生」，與其如此擔驚受怕，不如就不要拍照。

而不能從背後叫人家的名字或者拍人家肩膀，是因為我們相信名字是一個人的「代號」如果好兄弟知道了這個代號之後，就有了進入這個人身體的密碼，容易被附身撞邪。

也有一說是人的頭頂和肩膀各有一把火，運勢高時火就旺，鬼怪自然不敢靠近，但是被人從背後一拍或是有人在背後呼喊名字，一旦回頭就等於熄了其中一把火，此時好兄弟就可以伺機附體，作弄你或者進行抓交替的任務了。

這樣的說法當然也和個人心理因素有關，在沒有心理準備的狀況下，忽然聽見有人叫自己名字或者被人拍背，輕者令人分神，重則受到驚嚇，萬一對方正在過馬路或者做一些較具危險性的事情，一個不小心就有造成意外的可能，為了別人的安全，還是謹慎為好。

「人嚇人、嚇死人」，鬼不是人人都可見，但因為信仰和傳說，大多數人存著寧可信其有的心態盡量不做一些損人不利己的事，何況按照一般人的正常作息，晚上外出本來就不是常態，也比較容易發生事故，能夠避免當然最好。

如果非要外出，這些習俗提醒著我們如何小心、注意安全，立意是好的，不過大家也毋須「看一個影，生一個仔」，只因為害怕神鬼之說就不斷疑心生暗鬼，自己嚇自己，可是很容易嚇出病來的。

44 鬼月晚上不能洗曬衣服，更不能收衣服，否則會招好兄弟進屋？

每當農曆七月一到總是「鬼影幢幢」，生活中大小事都變得諸事不宜，信仰就是信者恆信、不信者就是不信的局面，冥冥之中到底有沒有超自然力量操控尚在其次，能不能說出個理由讓人認同才是王道。

長輩常常在鬼月來臨前叮嚀家裡的人這個不可以、那個不能做，讓很多不明究裡的年輕人覺得麻煩、迷信，而懶得去做。殊不知很多禁忌，都是先人從我們所處的生活條件中發展演變出來的。

例如，農曆七月份正值夏季氣候炎熱多變之時，天然災害也最多，加上台灣地形造成河流多數短而湍急，平日看起來平靜無波，但是山上的一陣午后陣雨，可能以迅雷不及掩耳的速度到達下游，讓炎炎夏日貪涼戲水的人走避不及，甚至因此喪失寶貴的生命。

因此，老人家為了讓年輕人或孩童遠離河塘，會恐嚇我們，七月份不可以靠近水邊，否則會被水鬼拖走當替身。又有老人家主張鬼月不可以買房、買車、結婚，除了習俗上的人云亦云，最重要的是這些人生的重大事件，一來因夏季炎熱，人比較容易心浮氣躁，下錯判斷的機率相對提高，事緩則圓，能夠多點時間慎重考慮一下，有助於得到好的結果。

再者，既然是重要的大事，當然希望長久圓滿，除非有不得不做的苦衷，否則盡可能暫避其鋒，挑個良辰吉日、討個好采頭，當事人心裡也舒坦自在。

那麼對於洗衣曬衣這等無關生死存亡的小事，為何又要如此在意呢？孔子說：「君子不立危牆之下」，台灣俗語也說：「甘願看人呷肉，不通看人剖柴」，這些其實都是教人保護自己、趨吉避凶的基本道理。

據說剛洗好的濕衣服招陰，因為好兄弟最喜歡附在陰涼的物品之上，鬼月夜裡四處遊蕩的好兄弟最多，晚上洗晾衣物，正好招鬼來做伴；而太陽下山後陽衰陰盛，收衣服正好把依附在上面的好兄弟一起帶進屋來。

其實衣服上有沒有鬼誰也說不準，但鬼月正處人心惶惶之際，就別再為自己和他人增添杯弓蛇影的機會了！夜晚禁止洗晾衣服的原因，不外乎因為衣服的外觀和影子與人形相似，夏天晚上出外消暑散步的人又比其他季節多，夜晚經過的鄰居路人，乍見隨風飄動的衣服，彷彿看到有人在空中飄浮的錯覺，不受到驚嚇都難。再者遇上露水重的天氣，衣服若沒有在日落前收進來，恐怕又要沾染露水而潮濕，一旦錯過了白天收衣服的時間，只好隔天太陽曬乾再收較為妥當。

不過現在集合式的公寓大樓，有些住屋並沒有陽台可曬衣物，更何況洗、脫、烘一次完成的洗衣機也十分便利，如果靜音設備做得好，夜深人靜時不會吵到別人，當然半夜洗衣就少了這一層顧慮了。

其他常聽人說的鬼月晚上不去荒郊野外、床頭不掛風鈴、不偷吃祭品等等，其實也都是勸人遠離危險和保持良好生活習慣的變相說法而已，倒是以往忌諱不能開刀、不能出國等，因為科技的進步和個人的需求差異，如果是為了健康考量或出差探親，倒也不必因噎廢食或者疑神疑鬼。

只要是有益處的習慣與習俗，不僅農曆七月應該如此，平常就應該要保持，倒不一定為了鬼神，為了自身的健康以及他人的觀感著想，多做一點又何妨？

單元三

關於生活習慣、民俗禁忌

45 半夜不可剪指甲，否則會折壽或見不到父母最後一面？

「喀、喀、喀……」清脆規律的聲響，在夜深人靜時總是特別牽動人類的聽覺。

指甲，是哺乳類動物在四肢末端的特有構造，在生物原始功能上與其他動物的「爪子」相似，有自我防衛和挖掘的功能，隨著生活文明的演進，指甲漸漸退居二線功能，但部分中醫或玄學的觀點，仍相信指甲與人的氣血、健康息息相關。

在某些信仰當中，將個人的頭髮、指甲視為人的「分身」，可以拿來改運或者施法下降頭，或許正因為如此，即使剪指甲這樣例行的個人衛生工作，都能被拿來做文章。

有人相信在深夜裡剪指甲（尤其是過了十一點之後的子時），落下的指甲和皮屑特別容易招來鬼魂親近，但白天因為嬰幼兒活動力強，不受控制，父母只好趁孩子睡著之後再進行剪指甲的工作。

有一說這樣容易使孩子「掉魂」，其實原因也與上述的信仰延伸有關。因為古時相信身體的廢物仍帶有個人的靈氣，不能隨便丟棄，必須要用紅紙包起來再丟掉才能化解。

至於民間傳說中半夜剪指甲會折壽或見不到父母最後一面的驚悚說法，當然更無法以科學或統計學來驗證了，但綜合以上種種禁忌傳說，其實更深一層的意涵是：**在對的時間，做對的事情**。

剪指甲是個需要專注的細緻動作，古時候並沒有指甲刀的存在，剪指甲多半使用小一點的剪刀或銼刀進行，基本上工具已經不是很方便精良了，如果再加上照明設備不佳，昏暗的燈光下一不留神就會剪到甲緣的肉而流血受傷，之後想要操持家務或者務農耕種會變得非常麻煩，因此極力勸誡人們避免在晚上剪指甲，在古代的生活條件下，這是相當能夠理解的。

另外，古時候的建築構造並不講究隔音功能，一般平民百姓家，一大家子人蝸居一室時常可見，夜深人靜時修剪指甲發出的聲響，特別容易驚擾淺眠的家人以及吵醒哄了好久才睡著的小孩。如果站在同一屋簷下的家人的角度，在晚上不斷發出喀喀的聲音，的確也不太合適，姑且不論會不會折壽，但肯定會先傷了一家人的和氣。

前面種種原因對現代人來說，自然不可同日而語了，一般住家講究隔音和私人空間，電燈照明也相當普及，而指甲刀的原型約莫在十九世紀，就被美國人改良問世，至今各式各樣的指甲剪應有盡有，不但使用起來省力而且安全，沒有了這些使身體受傷的疑慮，夜半剪指甲好像也不再是那麼暗藏危機的事了。

但如果你仍然與長輩同住，在做這些看似尋常的生活小事時，還是顧及一下老人家的想法，若是長輩深信不疑的話，在家中盡量利用假日白天再剪，不要「人來掃地，人去泡茶」，總在不對的時間做不對的事，否則自己為何平白無故挨長輩的罵，都還一頭霧水呢！

46 髮長過腰時，沒看好日子不能隨便修剪頭髮？

剃頭理髮，對現代人稀鬆平常，但對大部分終其一生都留著長髮的古代人來說，是何等的大事！在農民曆上的宜忌事項中，我們常能見到「剃頭」或「理髮」這兩個名詞，通常指的是嬰兒出生後，第一次剃除胎毛的時機，再者，就是有人選擇剃度出家的落髮時刻了。

除了這兩個重大的儀式之外，古人很少會修剪頭髮，一來是受儒家的思想影響，二來也是生活習慣使然，男男女女都束起或盤髮梳髻，也沒有剪短的必要。

在中國五刑之一的「髡刑」就是把犯人一部分或是全部的頭髮剃掉，藉以羞辱罪犯。失去了和大家一樣的頭髮，竟能成為一種恥辱與懲罰，古人對於頭髮的重視可見一斑！

另外，在道家和中醫的系統裡，將頭髮視為人體健康的表徵之一，頭髮如果光澤健康，表示一個人氣血良好，反之毛躁枯槁，多半是身體出了問題。本草綱目裡便說了：「髮為血餘，故能治血病。」所以中藥材裡有一味「血餘炭」，就是將人剪下的頭髮漂洗曬乾之後，火燒成炭做為藥引。如此看來，說頭髮是人身的伸延，並不為過。

民間流傳的髮長過腰，不看好日子剪會生病或倒楣的禁忌，相信是以勸人「三思而後行」為動機。畢竟留了多年的長髮，沒有特殊的動機或事情發生，不會無緣無故貿然剪掉。為了怕剪髮者一時衝動再來後悔，便衍生出「必須先挑好吉日才能剪」的說法，乍聽之下有點無厘頭，但仍有些勸世意味存在。

至於不看日子是否會走霉運，還是要看個人當下的心情和運勢高低。如果是受到不好的刺激才藉由剪髮來發洩，情緒低落或心神不寧時，當然做任何事都容易出錯和受到阻滯，其實和剪髮沒有必然關係。至於容易生病的說法，倒是有一點根據的。

因為頭髮對於頭部和頸部有保暖功能，不論是一口氣剪短或削薄頭髮，頭部與脖子突然失去保護的屏障，又沒有適當的以有領子的衣物、圍巾或帽子保持溫度，直接受到冷氣吹襲或風寒之後，頭痛、頸部僵硬疼痛等毛病隨之而來，難免就被穿鑿附會成「正是因為沒有看好日子就隨便剪的後遺症」。由此看來，剪去長髮該注意的應是如何保暖，而不光是翻翻農民曆就好。

堅信髮長過腰，頭髮就會有「靈性」的人，不光是對剪髮的日子要精挑細選，有人還得到廟裡擲筊問神。對於剪下來的頭髮也是備極呵護，預備剪下的部分，要用先紅線或紅絲帶綁好，整段剪下後自行帶回家收藏好，大抵也是不希望自己身體的一部分，任人隨意處理。

不過如果想發揮大愛精神的朋友，又是沒有燙染的健康髮質，不妨考慮一下將剪下的頭髮捐贈給公益團體，所製成的假髮可以造福另一位因為化學治療而失去頭髮的癌症病友，這樣既不浪費你珍愛的青絲、還能發揮剩餘價值，守護著一個更需要它的新主人。

47 枕頭不能只買一個，不然會孤獨一生？

婚嫁雖然有其必要與意義，然而，在現今追求男女平權的世代，並不是人人適合婚姻，只要出自個人自由意志選擇不婚，外人倒也沒什麼可置喙之處。但在漢朝時，有女子三十歲還不嫁要罰款的規定，今人難以想像，卻能理解對適婚年齡女子的壓力之大，其來有自。

才幹或成就出眾的女子，仍不敵台灣俗諺「光光月毋值微微火」，意指女人再怎麼精明能幹，始終比不上男人。所以大多數的長輩和父母，還是希望女子能走上傳統觀念中的「正道」，走入婚姻相夫教子，為了完成這個心願，生活上才衍生出許多的細節，希望有助於提高婚配的機會。

首先，在居家的風水上，強調要營造出「雙雙對對」的意境，好讓女子感受到樂觀積極的正面能量。例如：盡可能睡雙人床、床上最好放在兩個枕頭，空的位置和枕頭有「等待有緣人」招挑花的意思。

因為古代女子的嫁妝裡，必定有一對鴛鴦枕與合歡被，象徵夫妻成雙成對、夫唱婦隨，所以不僅單身女子要放雙枕催旺桃花，已婚者更不能只買一個枕頭，如果要換，就兩個人的一起換才吉利，而只買一個枕頭，唯恐有夫妻分離或者守寡疑慮。

家裡在買碗筷時，即使一人獨居，亦不能只買單個，否則將會孤獨一生；在擺設上，盡量不要只掛「自畫像」或個人獨照，應選多人照片或與意中人的合照。此外，床上或房間裡盡量不要放玩偶，尤其是人形娃娃，據說人形娃娃容易被邪靈附身，主人與娃娃同床共眠久了，娃娃捨不得主人找新伴侶的同時，也害怕被拋棄，因此會從中破壞主人姻緣。

無論這禁忌的真實性如何，背後的思維倒不難懂。現在許多經濟獨立且一個人在外居住的女子，平日忙於工作，不上班時就宅在家，不但疏於外界的社交生活、又鮮少邀請親朋好友到家中聚會，久而久之習慣了一個人的生活，日後反而更難以接納另一個進入自己的生活。所以家中陳設忌諱太過「孤單冷僻」，也不要對像娃娃、布偶這一類「不真實的替代物品」，產生過度依賴的心理，努力提高自己習慣「人氣」的正面能量感應，別說只是對找姻緣有幫助，一個開朗樂觀的人，在生活中或職場裡，相對也比較容易受到歡迎。

雖然緣份未至，不必操之過急而「病急亂投醫」，但是有心走入婚姻的人，還是應該多調適與人相處的習慣，找到志同道合的另一半，否則，哪裡會有天下掉下來的伴侶呢？

48 室內不張傘，否則會散財或會有小偷光顧？

「劈竹為條，蒙以獸皮，收攏如棍，張開如蓋。」這是古籍中記載魯班的妻子雲氏發明「傘」的原型。起初是遮蔽雨雪，漸漸地也有防止陽光之用，甚至在宗教和婚喪等儀式中，雨傘更扮演著超越實用功能的象徵性角色。

既然傘能阻擋我們不想看、不想碰的東西，自然也能夠遮住我們的視線。民俗中，在屋內不能撐傘的禁忌，大致來自兩個面向：一是散財，因為傘和「散」不論在國語或台語中皆為諧音，一般住家會散財，代表這一家的運勢不佳，通常遇雨才需要用到傘，**在家裡撐傘，給人「屋漏偏逢連夜雨」的負面觀感，亦有暗示家中破敗可能**；第二種會有遭小偷的聯想，應該是來自於「散財」解釋的延伸，又或者因為屋內陳設本就該一目瞭然，太多阻礙視線的物品，反而讓歹人有藏身之處。

曾經有人在家中將雨傘撐起晾著，打算隔天一早再收起來，不料半夜起床如廁時，因為光線昏暗加上睡眼惺忪，看著一團黑呼呼的東西在地上滾動而驚嚇不已。燈亮之後才發現，原來是放在落地窗邊的傘因風吹而移動，讓疑心生暗鬼的屋主嚇出一身冷汗，屋內張傘不便且也不智的例子，又添一樁。

民間尚有在屋內撐傘長不高等說法，亦無科學根據，不過相信應該也是藉由禁忌之說，讓人養成進屋收傘的習慣。

而做生意的店家，看著客人傘也不收地進店裡，已經覺得不太尋常了，如果不是無心之失，便是有意阻擋他人的視線，趁機混水摸魚也說不定。而最晦氣的，莫過於遇到收起的傘突然無故「開傘花」的狀況，更有一種人潮都被沖散了的壞預兆。故此商店於門口設置傘架、傘筒甚至傘套供客人使用，其來有自。

仔細想想，保持賣場動線乾淨、流暢，本來就是吸引客人的要素之一，如果每個客人都把濕漉漉的雨傘隨身攜帶，不僅讓地面危險濕滑，沒收好的傘更可能不小心戳到其他顧客，或者掃到陳列商品，徒增糾紛，店家能妥善集中存放客人的雨傘，也是便人利己的做法。

49 衣服不能直接收下來就穿在身上，否則人會變懶？

「正心、修身、齊家、治國、平天下。」儒家思想中，一個「人」想要一展鴻圖、胸懷天下之前，必定得先從個人的心性、生活習慣開始修行，如果連基本的生活自理能力都一團紊亂時，實在很難有兼善天下的餘力。

如果由這個觀點出發，便不難理解為何會有「衣服不能直接收下來就穿在身上」的禁忌一說了。

古時候沒有洗衣、乾衣設備，衣服的洗滌和乾燥全靠手工和天候，如果沒有徹底洗淨或是沒有足夠的日照曬乾殺菌，穿在身上難免對人體健康有影響。在衣物收取及整理工作上，假如有充裕的時間確認衣服是否充份晾乾，有沒有樹葉、小蟲等物附著於上，之後再摺疊、分類收納，不但衛生，日後要穿的時候拿取也省時方便。

民間傳說，如果從竹竿上收下來的衣服直接穿上身，會招「竹竿鬼」進家門或者變成「竹竿鬼」。這是因為濕的衣物和竹子都被視為招陰之物，所以直接穿上身，容易遭陰邪之物附體。而化解的方法，正是必須先把衣服摺好放一陣子再穿，即能避免邪物侵擾。

從現代科學的角度聽來，這樣的說法似乎有點牽強，不過仔細想來，「讓生活井井有條」應該是這個禁忌背後的真正原意。

無論是拿「竹竿鬼」或「人會變懶」的名目做為恐嚇，延伸為勸人適時地規劃生活起居時間表，的確是讓生活順暢的必要習慣之一。就好像古人觀察一個人添飯是不是從「缸中央」開始挖取，就能知道此人秉性如何，能否吃苦，可不可以交付重要任務，皆因做小事有計劃，做大事才不會忙亂。一旦有了規律的基本生活技能，做事自然懂得安排、有條理。

另外，衣物定時整燙、摺疊和分類，也有助於個人記憶衣櫃中的服裝種類，避免重複買了或不穿的浪費，所謂見微知著，其實許多習慣或禁忌都是先民們的一片苦心和叮嚀。

50 照相時最好不要三個人合照，情非得已時，年紀最大的要站在中間？

「來，1、2、3，Cheese！」快門咔嚓一聲，就留下了一張張值得紀念的照片了。

隨著攝影工具的演化和進步，以往昂貴的攝影器材不是人人玩得起，功能相對複雜，現在搖身一變，成了手機、平板電腦的必備功能，全民皆可拍。而攝影配備和技術的發展如此迅速，反倒讓今人很難想像過去人們是怎麼看待「照相」這樣新奇的事物。

現在仍保存的第一張照片，出現在西元一八二六年的法國，其後慢慢傳到了東方各國，中國與日本差不多在同一時期，陸續有了「照相館」的誕生。其後，兩地也都傳出對照相機的恐懼之說，不了解攝影原理的老人家看見光一閃，不久之後自己居然出現在相紙之上，開始出現了「魂魄被攝入相機內而感到不舒服」的流言，有如古代版的「都市傳說」，沒人能證實來源和真實性，但是謠言卻已傳得街知巷聞。

自從攝影的原理和應用範圍，逐漸廣為人知之後，這樣的駭人傳說便稍微緩減，不過在日本又出現了另一種對拍照的負面說法：「三個人一起拍照的話，中間那一位會死亡！」以致於在日本的照相館替客人拍照時，遇上只有三位客人合影時，店家會建議由其中一人抱著一個娃娃，以便有「四個人入鏡」的代替做法。

而在中國也有人採用「讓靠外側的人手上多拿一件衣服，裝作好像還有人來不及入鏡的錯覺」來化解。不論是哪一種，雖然都有些自欺欺人的意味，卻有使拍照者放心的安慰作用。

其實「三人照相，中間那一位會早死」的說法，大致可以從幾個角度來拆解。在日本網路上曾有人說明，早期的相機構造並沒有現在做得精良，三個人合照時，左右兩位的影像很清楚，唯獨中間的人難以對焦，洗出來的相片在三人影像的對比之下，中間那一位的影像明顯模糊，有人看了心生恐懼，認為是自己的魂魄被吸走，或是拍到了類似「靈異照片」的不祥預兆而鬱鬱寡歡。

再說，三人合照時，於情於理，把中間的「主位」留給年紀長、地位高的人，自己盡量往兩邊站，是很自然的判斷，如果沒有什麼特殊意外事故，年紀大的人本來就比年輕人死亡機率高，所以「中間的人會（早）死」的謠傳，並非全然不可能，久而久之，大家也就以訛傳訛了。

台灣或大陸有類似的說法，或多或少應是受到日本這個鄰近國家的影響。不過流傳在台灣民間的說法相對比較不可怕也合於情理，把居中最重要的位置留給長輩或地位崇高的人，本來就是一種禮貌與尊敬的表現，或許這種聽起來沒什麼道理的「禁忌」，正好提醒時下一些顧前不顧後的年輕朋友，不要一聽到「照相」兩個字，就急忙把自己湊到最顯眼的地方，而完全不顧及別人。

日常生活中該注意自己所處位置是否合宜的，還有入座、搭車甚至行走等諸多生活細節，如果你表現得太過冒失，被老師、長官或長輩在心裡畫上叉叉而留下負面評價，很可能影響到自己日後的際遇或發展。按照這一點來看，合照時沒有把中間的位置留給年紀最德高望重的人，是否也算應驗了另一種「不幸」之說呢？

51 不能常洗澡，否則會傷元氣？

養「氣」，在中醫的觀點中，是擁有健康體魄非常重要的一環。一旦元氣充沛，五臟六腑的運作自然動力十足。

中國最早的中醫典籍「黃帝內經」裡說到：「冬三月，此為閉藏。」進入萬物蕭條、天寒地凍時節，養生之道在於「藏」，並且要做到「去寒就溫，無泄皮膚，使氣亟奪。」意思是遠離風寒、保持身體溫暖，不要露出皮膚以免頻頻受涼而洩了「元氣」。

事實上，古時候生活不便，部分防寒技術也還不如今日，洗澡時曝露在冷冽的空氣裡，確實提高了感染風邪的風險。因此中國人習慣在冬天減少洗澡頻率，並改以泡腳及擦澡的方式過冬，自然有其邏輯及智慧。

民間一般也流傳著「**餓不洗澡、飽不剃頭**」的俗諺，在沒有自來水、沒有熱水器、沒有暖房設備，身上又穿得層層疊疊的古代，洗澡在古人眼裡可是件費勁的大工程，萬一肚子餓的時候洗到一半頭昏眼花，也許還會鬧出人命；吃得太飽則因為容易打瞌睡，一不小心被剃刀劃破了頭，更不是鬧著玩的。其實吃飽後也不適合立刻洗澡，因為熱水一沖，原本幫助消化的血液分散到身體各個部位，容易影響消化功能。

只不過隨著科技的進步，現在的生活條件大幅改善，適當的洗浴方式，不但可以消除一天的疲勞，還有助於增進身體新陳代謝的機能。倒是冬天洗澡時應該注意幾個重點：不要因為怕冷就使用太熱的水洗澡，不但會傷害皮膚，還可能造成頭暈不適的症狀；另外，冬天的活動力下降，出汗的機率也低，所以在洗澡時切勿過度用力搓洗或大量使用沐浴洗劑清潔，以免乾癢上身。喜好泡澡或泡溫泉的人，也記得適可而止，每次約十到十五分鐘就要離開浴池，同時記得補充水份與保持浴室內空氣流通，遠離脫水或昏厥的危險。

至於該多久洗一次澡最好，其實是很個人的問題，體質燥熱和虛寒的人，對於身體洗潔的需求也不盡相同。不過地處亞熱帶的台灣，畢竟和中醫古籍發源的大陸北方氣候差異甚大，群聚的社會裡，除了注重個人養生，仍需顧及旁人的感受，若是沒有每天洗澡，恐怕除了有礙衛生，對他人來說或許也是一種困擾呢。

52 為何不可亂撿路上的傘或紅包？

在民智未開之時，有許多奇風異俗是今人所無法想像的，若想理解箇中道理，就必須退回當初的社會文化背景思考，或許才可一窺由來。

現今的社會新聞中一再宣傳：「隨便撿拾路旁的財物，不送交警方並備案，日後被查出可能要吃上侵佔官司。」不過在古代，一來傳播媒體不發達，二來法治體制和觀念也不夠健全，丟東西的人大多只能焦急地尋找，找不到只能自認倒楣。

而撿到東西的人，心善者可能在原地留守等待主人回來認領，又或者送到政府部門招領，當然也有不少人暗自私占，心存如果沒被舉發，就算是「運氣好」的僥倖心態。

但是在老一輩人的眼中，有些東西可是不能隨便撿的，否則沒占到便宜不打緊，可能還會招來一連串意想不到的意外，像是路上的紅包，便常包藏著「冥婚」的陷阱。

古代女子未出嫁之前若不幸去世，父母擔心沒出嫁的女子不可入家廟奉祀，又沒有夫家後人祭拜，不想變成孤魂野鬼的話，除了入「姑娘廟」之外，另一個方法就是找個陽間的男子依靠，進行「冥婚」。

要找到冥婚男子的方法有幾種，靠媒人私下探訪有意願的男子是一種，民間流傳若有雙妻命格的男子，如果先進行一次冥婚，之後再正常嫁娶，不但可以免去娶兩次妻子的苦惱，身為大房的冥妻通常還能照護一家人平安興旺，不過機會是可遇不可求，也不是人人適用。

為了替鬼新娘尋找「有緣人」，另一個方法就是將亡女的生辰八字放在紅包袋裡，或者將其神主牌放在布包袱裡，女子的親人就埋伏在附近監視，只要一有年輕男子撿起，女子的親人就會立即拉住男子，假如監視的人是亡女的弟弟就立刻叫「姐夫、姐夫」，只要男子尚未結婚大部分都會認了，因為據說撿了而不完成冥婚者會倒楣並被鬼纏身，所以一般未婚男子更是被家人告誡千萬不可因為好奇或貪心，隨便伸手去撿「天上掉下來的禮物」！

至於不能亂撿的物品還有「雨傘」，尤其把來路不明的油紙傘或黑傘帶回家，很容易引鬼入門。

有此一說的原因，恐怕是源自於傘是道教儀式中會使用到的「道具」之一，而台灣民間的婚禮和葬禮中也常見黑傘的身影，主要用來擋煞或避煞，所以一般相信傘裡容易「藏鬼」。有了這個印象，對於公車上或路邊被遺忘的傘，不免令人敬而遠之。

其實基於愛物惜物的心態，若主人不再回來找，不少營業場所會把這些狀況良好卻無主的傘當成「良心傘」使用，借給客人或過往的路人遮蔽一時風雨，也算是功德一件。

不過借用的人還是應該緊守「不是自己的東西就不該占有」的本份，用完放在家門外晾乾，之後切記物歸原處或者再傳給下一個人用，給別人帶來方便的同時，又可省去「帶鬼回家」的疑慮，利人利己且不迷信，豈不更好？

53 為何曬衣服時，女生的衣服不能曬在男生前面？

「男女授受不親」的觀念流傳至今，對我們的生活習慣影響甚鉅。戰國時代，有淳于髡求教孟子，問道：「嫂溺，則援之以手乎？」意思是說，如果嫂嫂落水快淹死了，做為小叔的男子該不該不顧禮教伸手去拉嫂嫂一把呢？孟子的回答很妙，他認為小叔看到嫂嫂快淹死了而不伸手相救，和豺狼禽獸沒什麼兩樣，雖然說男女授受不親是禮教沒錯，可是小叔為了救嫂嫂的性命而有了肌膚之親，卻是變通的權宜之計。

兩人的這番對話實則是在辯論如何拯救天下，而孟子的見解也成就了「嫂溺叔援」這句凡事皆有變通方法的成語。但古人對於女性貞操的苛求不亞於性命的重視，可見一斑。如此看來，便不難理解為何男女衣物的洗和曬都有一套「潛規則」了。

《禮記》中說的「不同椸枷，不同巾櫛」就是認為男女有別，為了避免瓜田李下，衣服不可掛在同一個衣架之上，以免拿取的時候有意或無意碰觸。古人甚至認為穿過的衣物視同本人，即使清洗過了，交疊在一起的衣服更容易令人產生誤會和遐想。

而女生衣服不能晾在男人衣服之前，除了男尊女卑的含意之外，還有女生不應該在男人身前、不輕易拋頭露面的教化用意。另一個用意，則是以前的衣服多半晾在戶外，難免人來人往，萬一被心存邪念之人一眼看見了女性衣物，恐怕要另生枝節。

有些家庭規矩更嚴格，不僅晾衣服要先後有序，連洗衣服都要男女有別。其實主要是怕女性生理期的衣服不小心沾染經血會被視為不潔之物，混合洗會帶衰家中男性的運氣。

從現在角度看來，不同的勞動，衣物當然會有不同程度的髒污，如果撇開重男輕女觀念，分開洗滌的確符合個人衛生習慣。

女性的衣物一向被視為私密的象徵，不能夠晾在路旁和高處，以防男性不小心從下穿過會倒楣，這其實也是恐嚇男性沒事應遠離女性衣物，莫平白招惹是非的變相說法。還有女生衣服摺好之後不能堆放在男性衣物之上，不然男生會被「壓落底」，日後被女方吃得死死、沒有主見。當然這也是希望能夠養成良好生活習慣，要夫妻共同注意做好收納，凡事井井有條。

而女性的貼身衣物在古時候的洗曬更是一大學問，總給人「見不得光」的印象，所以總是得晾在室內、角落或陰暗之處。唯獨有一個特別的日子，可以曬在戶外，甚至必須堂而皇之的掛在別人看得見的地方。那就是新娘在洞房花燭夜的隔一天，要把前一晚穿的底褲洗完後掛在竹竿上，讓婆婆或家中的長輩「檢視」是否真為處女之身。

或許許多禁忌在今日我們會傳為笑談，不過風俗有其脈絡，在當時的社會氛圍下，就會有相應的做法產生，沒有絕對「對」或「錯」、只有合不合「時宜」的可討論之處。

54 為何拿筷子不能拿太後面？

筷子，兩根細長的棍狀物，巧妙地利用物理上的槓桿原理，做為人類手臂的延伸，可以防凍、抗熱、保持手部清潔，攜帶製作都方便。滿足了基本生理需求之後，在造型上也升級了，有了頭方尾圓，暗示無方圓不成規矩的內斂傳統精神，甚至在材質上有了金屬、象牙、木材等多樣變化。

從民生消耗品昇華成工藝品的一員，這就是華夏民族對於「筷子」的執著與重視。有這一層認識，我們才能體會老祖先何以在筷子使用上，能衍生出許多的理論來。

首先我們得了解，筷子雖然妙用無窮，但在力學上卻是一種費力的工具，只不過能送入口的食物都不是重物，一般成年人使用起來倒也不覺得特別吃力。但對於肌肉及手眼協調能力尚未完全發展成熟的孩童來說，筷子往前端一點拿，比較容易挾起想吃的食物，缺點則是筷子的延伸範圍有限，只能觸及離自己比較近的食物。

相反地，筷子拿得越後面，取用食物時沒能挾穩、或是筷子掉落的風險便相對提高，這些失誤可能招來長輩的斥責，使孩子因而缺乏自信。願意一再嘗試或能夠運用自如的話，顯示孩子的發展比較均衡以及早熟，而敢於伸長了筷子去挾遠一點的食物，在中國人嚴格的用餐文化上，多少展現出孩子不怕大人眼光、不畏縮的精神。

由此推論，女孩子家從小被教育「筷子拿得越後面，以後就會嫁得越遠」，其實是一種心理作用。依賴心重、個性內向的人一聽到要離家千里，自然會修正拿筷子的部位；而個性比較堅毅的女孩，為了追求自己想要的（食物），並不會因為威嚇而改變習慣。

從現代人的角度來說，不怕陌生、願意挑戰未知、有自我獨特追尋目標的人，比一般不願意改變的人更適合於異地與異國婚姻。換句話說，打從孩提時代筷子拿的部位遠近，與個人的身心發展狀況和個性的確有所關聯，但卻未必是日後姻緣遠近的百分之百指標罷了。

同樣的，另一個「筷子拿得越高、表示家世越好」的說法，雖然也有參考價值，但亦非絕對。

傳統的「世家」，因為社會經濟條件好、必要遵守的家庭規範相對一般中下階級之家來得多，吃飯尤其是中國人極為重視的環節，不僅嚴禁「騎馬坐，挽弓食」這般難看的坐姿，對於餐桌禮節更是諸多要求，從小開始就被訓練要像大人一樣拿著精緻材質的正常尺寸筷子的習慣，是一般但求溫飽的百姓之家容易忽略的地方。

不過隨著商業經濟的活絡，正式場合的社交禮節逐漸地平民化，社會教育適時地彌補了家庭生活中隨興與隨便的不足，以往在尋常家庭中易被忽視的環節，如果遇上了對自我要求比較高或者在工作上有需求的人，在長大成人之後，還是能有自發性的學習機會，反倒使「筷子拿得越高、表示家世越好」說法，不再像古時候那麼絕對和準確了。

雖然現在盛行用餐氛圍愉悅自在，上了餐桌之後不再有「飯場如戰場」的嚴肅氣氛，但無論是用刀叉還是筷子，基本的禮儀和舉止，反映出一個人的教養與文明程度，連帶影響外人對我們的第一印象與個人評價。如果連筷子這樣你我每天都要用上好幾回的生活小道具，都能夠透露出這麼多的個人訊息，你還能認為培養良好的生活習慣與否，是件無足輕重的小事嗎？

55 小孩子為什麼不能用手指月亮？

月亮，是地球的一顆天然衛星，因為豐富的月相變化，成為騷人墨客的創作靈感。古今中外不乏關於月神的傳說，讓崇拜自然鬼神的老百姓，堅信其神格並加以膜拜。

中國的月亮之神稱為「太陰星君」或稱「太陰娘娘」、「月娘」，農曆八月十五的中秋節就是祂的誕辰。民間傳說家中有嬰幼童營養不良、多病難養育的，拜太陰娘娘的功效卓著；也有些年輕女子相信虔心向月娘祈求，會得到好姻緣。

既然月亮在庶民生活中裡如此親民且聖潔，何以會化身成割小童耳朵的恐怖殺手呢？說穿了，還是老一輩的人欲喝止小孩用手指隨意指東西的習慣罷了。

試想，生活中用手指指著別人，多半是指責或吵架的畫面，用手指人已經是不禮貌的行為了，更何況日月星辰是我們膜拜崇敬的對象，尊敬都來不及了，怎麼能想著想著就隨便用手去指呢？

不過小孩在似懂非懂的年紀裡，大人怕孩子記不住「尊敬」二字的意義，所以才藉著上、下弦月像彎刀的形狀，恐嚇小孩子說：「用手指月亮會被割耳朵！」如果一時不記得還是不小心用手指了月亮，看著小孩驚恐的臉龐，狡黠的大人仍能自圓其說地趕緊補上一句：「沒關係，趕快雙手合十向月娘拜拜說對不起就好了！」

相信有不少讀者仍會好奇，並信誓旦旦自己小時候真的有指過月亮，也準確無誤的被割了耳朵，耳根爛爛的痛了好久。這記憶當然不假，但造成耳根痛癢潰爛不是月亮惹的禍，而是好發在幼童身上的濕疹在做怪。這種濕疹算是異位性皮膚炎的一種，在臉部、耳朵、手腳彎曲處及脖子等處特別容易發作，只要食物裡有誘發過敏體質的病源，或者空氣乾濕、冷熱的變化明顯時，就是它好發病的時刻。等到年紀漸長，有些人免疫力變好、體質或生活環境改善之後，這種症狀自然就慢慢消失了。

早年醫學知識還不發達的時代，人們很自然的會把小孩子身上這種病癥和記憶系統裡的傳說連結在一塊，連患過這樣症狀的人都會對號入座、深信不疑。其實只要注意不要因為貪戀月色太美、熬夜不睡導致過於勞累，或者一邊賞月一邊烤肉時不要太靠近炭火四周乾燥的空氣，並且少吃一些會誘發過敏的海鮮、菇類、奶蛋、花生等食物，相信即使指了月亮，也不至於受傷的。

不過對天、地、人心存敬意，本來就是做人的基本美德，千萬不要為了挑戰禁忌之說，到處指人指物，否則即使月亮娘娘不罰，也會被他人視為挑釁行為，惹上無謂的口角糾紛。

56 為何經過靈堂時小孩不能看，否則晚上會尿床？

台灣人的厚道，不僅體現於對陽世間的「人」，對於不可知的神祕世界，也充滿了敬畏之心。在人往生之後，我們藉由喪葬儀式來追悼亡者，並寄望經由這一切步驟，讓亡靈不再流連糾纏，順利往下一步前進。

在喪葬中我們發展出一套禁忌體系，除了奠基在「死者為大」的傳統思想之上，為了在過程中順利圓滿地培養出大家共同遵守繁瑣習俗的默契，有時也不得不用「誇大」或「恐嚇」的手法以達到目的。

成年人懂得禮教、見多識廣，想要對方配合，只要動之以情或說之以理即可。一般襁褓中的嬰孩，家中長輩多半會要求父母避忌探病、進寺廟和喪葬等特殊場合。唯獨遇上了三四歲以上能跑會跳、語言流利，但卻似懂非懂的黃口小兒，最讓大人傷腦筋，於是只好先進行「行前教育」。

因為孩子多半有著心直口快的特質，無論是看到亡者照片中的特徵或現場的擺設，很可能就直接反應說出來，因而造成場面尷尬或喪家家屬不悅。所以如果無法不讓孩子出現這些場合時，最根本的方法就是禁止「四處亂看」，就算是平日路過不認識的喪家靈堂，也必須低著頭快步通過。

再者，有些老人家相信孩子與大人相比，靈性感應更為敏銳，在某些特殊場合能看到另一個世界的鬼神，為了不嚇到旁人，或是讓別人看出這個孩子有與眾不同的能力而被排擠，多半會叫小孩子不能說，最好是學著「視而不見」。

這些大人的心機，孩子們或許難以體會，結果只能用「在靈堂上亂說、亂看，晚上睡覺會尿床」這樣粗略的說法，來強制小孩遵守。事實上，一般的孩童除非是受到驚嚇或其他特殊心理因素，否則參加喪禮或經過靈堂與尿床，是沒有因果關係的。

在傳統習俗中，台灣父母也忌諱自己的小孩被罵「著猴損」，意思是指小孩子營養不良、面黃肌瘦，像隻猴子似的長不大。老一輩的人相信被罵的小孩會難以養育，甚至在小孩面前連「猴子」二字都不能提，顯然有些矯枉過正了。其實愛護孩子是大部分父母的天性，只是過分呵護並非最佳的成長訓練，與其拿一些不切實際的話來嚇唬孩子，不如改以事前「約法三章」，及事後「明確獎懲」的方式進行，否則一旦孩子發現父母口中的恐嚇並不會成真，日後就不會再信服了；又或者因為父母貪一時方便，不加以說明禁忌的緣由，而造成小孩心理的陰影，豈不是得不償失？

57 午夜十二點之後不能照鏡子或梳頭髮？

中國古老神話中，相信鏡子是避邪之物，它不但能照映出人的樣子，還能讓各種鬼魅妖怪現形。某些宗教還傳言，透過凝視鏡子中的自己，能夠看到未來的模樣。

西方民間著名的「血腥瑪麗」（Bloody Mary）傳說，女子想要看到未來另一半的模樣，可以在半夜站在鏡子前手持蠟燭，呼喚三次血腥瑪麗的名字即可，不過也因此延伸出許多驚悚的恐怖故事。這些中外的古老傳說，更讓鏡子增添幾分神祕感。

其實鏡子是日常生活中常見的物品，中國風水之所以特別重視，在於它的反射特性易對人產生「精神干擾」。不只一般明鏡擺設要留意，對於不做鏡子之用卻與其功效相仿的「暗鏡」，例如沒有開啟的電視或深色玻璃窗等等，最好都要有適當遮蔽。這是希望在家裡能有安心、安全的感覺，盡量減少杯弓蛇影的不必要疑慮。

白天尚且如此講究，更何況是陰氣盛陽氣衰的夜晚。民間習俗認為入夜之後，鏡子能有通往另一個世界的功能，尤其子時（晚上十一點至隔日凌晨一點）正是陰氣最盛之時，半夜照鏡子多半是有通靈或有特殊宗教儀式需求，尋常百姓如果不小心觸犯禁忌，恐怕會「誤闖陰陽界」有去無回，因此多會禁止家人（尤其是女子）半夜對著鏡子梳頭，認為是極度招陰的舉止。

除了聽來恐怖的理由，仔細想來，古人作息正常，早睡早起，如果沒有特殊緣故，怎麼會有女子半夜攬鏡梳妝打扮呢？一來可能是女子半夜要偷偷會情人，二來恐怕是精神異常所致，才會子夜時分對著鏡子梳頭髮，這種行為如果流傳出去，這家的姑娘肯定就沒人上門來提親了。

此時，古代女子的頭髮都很長，晚上照明不佳，如果家中其他人一不留神突然大半夜看見有長髮女子在梳頭的詭異舉動，不免又要受到一番驚嚇了。

為了杜絕以上種種的可能，不嚇自己也別嚇別人，索性把半夜攬鏡梳頭的行為列為禁忌，以致於這個觀念深植人心，時值今日都還是許多恐怖電影的最愛橋段或題材。

有趣的是，中國某些地區也將睡前梳髮列為禁忌，但原因卻是——上床睡覺前梳了頭，會把財氣梳掉！不過隔日起床再梳就沒有關係了。

其實正確的梳理頭髮，不但可使頭髮乾淨不糾結，還兼有按摩頭皮、使人神清氣爽的功效。不僅中醫推崇早、晚梳頭有利於血液循環、頭髮濃密，連蘇東坡都力行梳頭做為養生之道。只是做任何事情都該找到正確的時機與場合，否則不但效果打折、還可能嚇人嚇己。

58 不能用紅筆寫名字，不然會肚子痛或短命？

姓名等同於一個人的代號，正確的唸出與書寫，是對一個人最基本的尊重之道。

然而除了唸對和寫對這些基本該做對的事還不夠，仍須顧及對方的「感受」。如果一個人喜歡用紅筆簽自己的名字，一旁相識的人基於善意，可能會勸他最好改掉這個習慣；但若在不經意中用紅筆寫了別人的姓名，便可能因而惹怒對方了。

篤信「丹書不祥」的人，看到自己的名字被血紅色的顏料佔據，心中一定覺得晦氣，據說用紅筆寫了名字，輕則腹痛如絞、重則會短命個好幾年，甚至有人會懷疑是被人惡意詛咒！

只不過用紅筆寫名字，為何會引來這麼大的反應？這一切禁忌，皆起因於中國人對「丹書」是有特別講究的。

《左傳》曾記載，當時便有把犯人的罪狀用朱筆記錄下來的慣例；古時在斬殺死囚前，執刑官也會用紅筆書寫或圈起犯人姓名後行刑；民間傳說閻羅王在生死簿上做記號時，用的也是朱砂筆。所謂的「丹書不祥」，恐怕就是由這些傳統習慣和傳說而來。

再者，我們印象中的符咒，道士在書寫時用的正是黃紙和朱砂筆，所以用紅色的筆寫別人的名字，容易給人是不是要施法害人的聯想。另外，坊間墓碑上的姓名多半刷上金色或紅色的漆，以致於一般人對於紅筆寫名字，更有一種觸霉頭的感覺。

至於不能隨便用紅筆寫人名，另一說則是因為這是帝王及有權力者的「特權」，為了禁止一般百姓用，才發展出來的一種說法。從漢高祖劉邦開始，帝王就用一種鐵製材質銘刻文字，並以朱砂上色，這種送給功臣等同於免死金牌的特權，就稱為「丹書鐵券」，是帝王才能賞賜的恩典。

此外還有帝王的批示或者詔書，也常用紅筆書寫，有一種上級對下級指示的意味，平常百姓如果跟著學，很有可能會被扣上做亂犯上意圖的帽子，唯有禁止這個習慣，小老百姓們才能遠離這些莫須有的罪名。

如此說來，用紅筆寫名字倒沒有想像中那般的恐怖，所以被寫的人會肚子疼或折壽的說法，也不可盡信。只是在人際互動關係中，我們自己大可不在乎、不相信，卻不能不顧及別人的感受。類似像「用紅筆寫別人的名字」這樣會令對方感到不舒服的舉動，在自己能力所及的範圍，又不影響彼此利益的前提下，應該要從善如流加以改善。

尤其是從事業務銷售的人員、社會新鮮人及公司新進員工，先尊重他人的感受，才會被對方同樣以禮相待，可不要動不動就用「迷信、沒知識」反唇相識，否則即便學歷再高，還是會被說成是「讀冊讀到胛脊背（背部）去」不懂禮貌的人啊！

59 拜拜燒香點燃的火不能用吹的，只能用揮的？

一炷清香，是人們深信能與神明祖先溝通的媒介，世俗百姓甚至還以「香火鼎盛」與否，來判斷這座廟宇是否靈驗。雖說以此為據不免太過現實功利，但不可否認的，不少人都是「拿香跟拜」的盲從心態，畢竟神鬼之說，全憑個人感應，誰都說不準。

無論是在家替祖先或供奉的神座上香，或者進入寺廟參拜，大家一定都被「規定過」不可以用嘴吹熄香上的火焰，有的還附加恐怖的說法，用嘴吹了嘴角會潰爛、甚至以後生出來的小孩嘴會歪！尤其在所謂的陰廟裡拜拜時，人的一口真氣一吹，回去就容易不舒服或運勢轉壞，種種說法著實嚇人。

會有這些嚴格的限制流傳，出發點再單純不過，全都為了一個「敬」

字。當我們有求於神鬼祖先時，必須藉由焚香敬告，如果用嘴巴對著香呼呼大吹，一來難免夾雜著自己的唾沫或病菌，不莊重更不衛生；二來若是去佛教寺院參拜前又吃了葷食，上香的人不免心虛而不敢呼氣，為了怕引起神明不悅而導致心願不能達成，所以嚴禁以口吹熄香火的不敬動作。

正確的熄火動作，應該是確認點著所有香支並離開火源之後，保持頭下尾上的方向，握緊香支後端並輕輕上下擺動手腕，就能順利讓火熄滅。也可適時地以另外一手輕輕搧熄，但切忌前後甩動整條手臂的誇張行徑。

另有一說，則是連用手搧火都是不被允許的，不過如果在拜拜前有確實做到淨手的步驟，應該能被一般大眾接受。

再者，去拜拜取香時，有時會隨個人心意添一點香油錢，贊助廟方購置香燭，這個動作不能叫「買香」而應該說「請香」；香支的數量最好先問清楚廟方人員或看清楚告示後適量取用，千萬不要貪心的點了一大把之後，多出來的香再隨便亂插進香爐。當香支不小心掉到地上之後，應該使用新的香以示尊敬，就好比我們不會把掉到地上的食物，再撿起來給別人吃一樣。

敬奉神明其實最重要的還是一顆虔敬的心，既然想獲得庇祐就不能嫌麻煩。進了廟門的規矩雖多，但有時這些規定也是要體貼其他同為信徒的人。例如，在廟裡拿香走動時，應把香直立拿著並且高舉過頭部，這是防止有些粗心大意的人，一香在手四處亂揮而燒到別人。

而進出廟宇亦有規則，應該由背對廟宇的左方（青龍）進，參拜結束後自右方（白虎）出，取其「龍口入、虎口出」的吉祥之意。

不論有沒有實際作用，但台灣許多廟宇人潮眾多，這樣的示意對人流動線有一定的指引效果，減少了發生推擠混亂的危險。

其實在佛教裡點香除了有供奉和尊敬佛陀之意，還有暗示信眾們要像香一樣，培養「燃燒自己、普香十方」的無私心胸，所以求神拜佛也有自我修行的功能，應謹記「施比受更有福」的道理，得到神明眷顧後，行有餘力還要幫助他人，那才是真正的福氣！

60 到廟裡不可對著神明照相？不使用的護身符也不能隨意丟掉？

台灣諺語有云：「呷人的飯，犯人的問。」意思是既然吃人家的飯，就有接受人家的詢問並且回答的義務，好比我們拿人家的薪水，就要聽頭家的調度差遣一樣。入廟拜神也是一樣，假如想要得到神明庇祐，就應該遵守廟裡的規矩，不要只想得到好處、卻不想按部就班來做。

台灣部分香火鼎盛的寺院廟宇，除了是人們的信仰中心，有些還結合周邊的地區，延伸出觀光功能。加上廟宇本身的歷史或建築就是一大特色，因此有時即便不是信徒的觀光客，進入廟宇參觀的亦不在少數。身為一個合格的觀光客，在廟裡或對著陌生人舉起相機拍照之前，最好先徵詢對方的同意，才不會發生不必要的糾紛。

有些廟宇為了維護莊嚴的氣氛，聲明不得在廟裡喧嘩嬉鬧，見到觀光客對著神像猛亮閃光燈拍照拍個不停相當感冒，主要是因為廟方不知道攝影者日後會如何「處置」這些照片，如果是拍照回去供奉還好，假使洗出的相片隨意放置或丟棄，對神明是大不敬的行為。何況不少具有百年以上歷史的神像更視同珍貴古董，應盡量避免強光的照射，因此廟中使用閃光燈更是會被禁止。

不過有些寺院宮廟採取開放的態度，不但不阻止遊客拍攝神像，甚至與時俱進到架設官方網站，把神明的肖像放在網站上，供全世界各地的信徒瞻仰。這其中的差別沒有絕對的對與錯，不論做為信徒或遊客，「入門叫人、入廟拜神」，進了別人的門，還是尊重既有的規定，以免犯忌。

也因此，求來的護身符也不例外。所謂護身符大致可粗分為「天然」和「注入神力」兩種形式，像一般人認為有特殊磁場的水晶、玉石等屬於天然類；而香火、紙符、神明照片等物品，本身需要經「過香爐」或者「唸咒語」才被認為具有消災解厄或保平安的種種神力。

對於求來的護身符，使用上也有一些要求，例如不可坐在屁股底下、不能放在地上、不可帶進廁所等等，暫時取下不用時可以放在神明桌上，家裡沒有供奉神明的，至少放在桌上或床頭，切忌隨便放置，否則不但是對神明的不敬，護身符也容易失去保護作用。

水晶被認為可經由淨化達到「重新充電」的功能，而玉珮、玉鐲等避邪物，如果有損壞或裂痕也被視為「替主人擋了災」，若不再佩戴可以用紅布包著收好即可。

假如是不再使用或者已有破損、褪色的符咒、香火，千萬不要放進垃圾筒丟棄或沖入馬桶銷毀，最好的方式是「物歸原處」，在哪裡求來的，就到原來的廟宇裡去燒化；若原廟宇地點太遠不便再前往，選擇神格再高一級的廟宇燒化即可。

61 搬家入厝時為何不能主動和鄰居打招呼？

所謂的「入厝」，指的是進入新家的那一刻，而不是搬離舊宅的時間。

入住新居對於人生是重要新起點和里程碑，代表著新生活的開始，因此不管信或不信，最好能翻一下黃曆，或是請命理師選擇良辰吉日，盡可能避開跟家中成員生肖有沖煞的時間，祈求一家人入住後的平安順利。

除了選黃道吉日外，入厝的時間通常不能遲過中午十二點，而且愈早愈好，求取入厝後天色愈來愈亮，寓意前途一片光明之意。反之如果過了中午，或者等到下班後才入厝，就表示人生愈來愈黯淡無光的壞兆頭。

老人家也會叮囑在搬家入厝時，不要大剌剌挨家挨戶去道別，在搬出和遷入的當下，是不能跟別人打招呼的。很多人都覺得莫名其妙，又不是欠錢躲債，為何要不辭而別？其實這是因為舊時農業社會裡，家中都會供奉祖先的牌位，在搬家時會特別用謝籃或者喜籃裝盛，讓家人提到新居裡去安置。但畢竟「公媽」不是神明，如果被家人以外的成員看到，不但會對無意撞見者產生困擾，同時對「公媽」也不好，並可能間接影響到家人的運勢。

為了不製造損人不利己的狀況，如果家中有牌位需要搬遷，只需避開鄰人悄悄地離開就行了，要向舊鄰居道別或向新鄰居問候，可以在搬走前一天及入厝安頓好之後再做，其實也算是一種體貼他人的表現。

另外，在入厝前三天（七十二小時）也有屋內必須燈火通明、不論日夜都不能關燈的習俗，以用來驅趕新居內舊有殘存的陰穢之氣，在古時稱之為「火庵法」。

不過正統的「火庵法」，是在住宅尚未開始修建之前的空地上，以七七四十九把烈火燒之，興建後的住宅才會陽氣旺盛。不過現在都市裡大多是由建設公司統一建造集合式的公寓大樓居多，動土之前不一定真的會用火先燒過，所以只能變通手法，在入住前靠屋主利用燈火通明的方式來增添家中的陽氣。

不過站在節能環保的觀點下，如果屋主覺得連開三天三夜的電燈太過浪費能源，也有人權宜改為只留大廳的主燈不關，或者是改以烘爐燒木炭、點檀香等方式，在新厝中各個角落熏一熏，藉著熱氣讓家中死角積聚的氣體循環流動，亦能達到象徵性旺宅的效果。

62 搬家當天不能午睡，否則以後容易生病？

以農耕為主的社會，不像遊牧民族逐水草而居，亦不像經商的人四處找貨源及買主，所以基本生活型態穩定，一座宅院，很有可能居住了幾代人都不會輕易搬家。不過現代人因為求學、工作的緣故，早早就離開了原生家庭出外居住，甚至年年搬家的人也不足為奇。

住屋環境始終與居住者的生活品質息息相關，無論是租賃或是購買，多數人還是希望一間房子不但要住起來安心舒適，連帶地也能讓自己運勢暢旺，所以入住時不僅有許多講究，更要避掉一些禁忌，以防招來晦氣。

在正式遷入的那一天，長輩會耳提面命：「搬家當天再怎麼累，都不能在新家裡睡午覺，否則日後可能會病痛不斷！」這可讓平日有午睡習慣的人嚇壞了，憑什麼平常睡不會有事，但是搬家這一日卻有這種奇怪的忌諱？

會有這樣的說法，原因不外乎有二：首先是搬家當天情況紛亂可想而知，長輩希望大家同心協力、一鼓作氣地把所有東西就定位，辛苦和混亂也就只有這一天，越早把家裡整理好，就能讓正常生活愈快上軌道，在不鼓勵大家中途休息的狀況下，於是有此一說。

二來，搬家時的床鋪如果還未到安床吉時，也是不能隨便睡的，雖然沙發或地上都能暫時讓人小憩片刻，不過新居環境尚未整頓好，隨便找個地方就睡，恐怕容易感冒受涼，再加上連日打包搬抬的勞累，人要不生病也難。

何況一向以「勤奮」為美德的中國人，特別在意正常人大白天睡覺，認為這是一種懶惰的象徵。在民俗習慣裡，男人在大年初一午睡，會被說成家裡的田埂會塌，影響作物的收成；女人初一睡午覺灶頭也會塌，做菜燒飯都成問題。

其實在現代人夜間睡眠品質平均不良的狀況下，半個小時左右的午間休息，在中、西醫的觀點上，無論是降心火或是提高記憶力方面，對人體都是非常有益處的。所以平日就有午睡習慣的人，若實在睏到不行，還是清出一張舒適沙發或坐椅，注意保暖和遠離堆高的雜物，短暫的閉目養神、恢復疲勞為宜。

搬家當天還有一件需要不辭勞苦的事，就是「越早搬進新居越好」，遷入的時間千萬不能拖過中午。因為越早搬入新厝，天色漸漸亮起來，代表一家人未來生活一片光明；反之，中午過後才搬入的，天色漸漸昏暗，象徵前途逐漸暗淡無光。試想，搬入新家後的工作千頭萬緒，當然是早一點動手整理的好，搬完的時間越晚，勢必就影響到晚上睡覺，甚至第二天要上班上課的正常生活。

在遷入時，如果已安裝好爐具，一開伙一定要先用一鍋水煮一隻雞，名為「起雞」（台語的「雞」與「家」同音），有成家立室之意。之後再煮一鍋甜湯圓吃，讓一家人吃了甜甜蜜蜜、圓圓滿滿。

再古早一點，還沒有瓦斯爐的時代，人們搬家時習慣從舊家帶一鍋煮好的白米飯以及滷好的豬腳帶到新家去吃，意謂「一搬進來就有得吃」的好兆頭。事實上，這是怕當日來不及起灶或者沒有空下廚做飯的未雨綢繆之計，能夠轉換成如此吉利的說法，不得不嘆服老祖先們多麼具有生活智慧啊！

63 為何經過曾經發生事故的地點時，不能對同行的人提起，否則會喚醒枉死孤魂？

生老病死，是人生的自然循環，但是源於意外事故或個人意志所致的非自然死亡，民間習俗慣稱為「凶死」，既然不是壽終正寢，更讓人多了一份猜測和忌憚。

對於路旁的車禍、火災、凶案等事故現場，不應好奇圍觀，習俗裡強調這樣可能沖撞到現場的孤魂野鬼，而理性上來說，除了旁觀者可能看到血腥景象產生不適感之外，更可能妨礙現場救援工作。所以台灣俗諺裡也有：「甘願看人吃肉，不可看人劈柴」的勸解說法。善事、好事盡量接近無妨，有柴薪四散的危險環境，還是走遠一點的好。

人們登上山巔水涯，可能為了生計，也可能是為了休閒娛樂，但是入境隨俗，面對大自然，我們應當學著和自然相處，而不是任性妄為。台灣多山多河流，登山健行是頗受國人歡迎的運動項目，卻也因為山勢陡峭、高海拔地區氣候變化快速以及登山者經驗不足等因素，山難事件時有所聞，甚至留下不少亡魂。

登山者之間有一種不成文的默契，就是不在事故發生地點再提起當日的慘事，台語叫作「叫醒」，意思是會再度喚醒當時的亡靈或當地的孤魂野鬼，不是附上登山者的身體令其生病，就是跟著你回家，之後倒楣事接踵而來。

深山叢林裡人煙稀少，是否真有魑魅魍魎，我們不得而知，但登山出遊時，應該懷著愉快卻謹慎的心情，用雙眼盡情欣賞風光，但適時把嘴巴閉起。到了陌生的野地裡，看到墳墓或曝露在外的骨灰罈，應該繞道而行，不可隨意踩踏或跳過。

尤其到了曾經發生過山難或凶案的地點，知道內情的人通常不說，因為同行者裡有人或許根本不知情，在毫無心理準備的狀況下，一聽到自己現在所處的地方，竟然曾經發生過恐怖的致死意外，精神難免受到衝擊。再加上登山過程已經消耗了大量體力，返家之後如果有病癥或遇上不如意的事情，很難不往「都是受到鬼魅作祟」的方向聯想。

而在事故發生現場亂說話會「叫醒」冤魂一說，除了培養敬天畏人的精神外，其用意更趨近於體貼身邊的同行者，約束自己不得口不擇言、引人心生畏懼的厚道善意。

64 路邊若有事故，為何不能脫口說：「好可憐？」或「好可惜？」

西洋諺語說：「好奇心殺死貓」，受到好奇心誘使的又豈只是貓，有時候，在群眾效應的吸引之下，人類才是最不受理智控制的動物。

古時候的生活作息單純簡樸，娛樂項目也少，一旦遇到超出生活常規的意外事件，就像在平靜已久的湖面投入的石子，能激起層層漣漪，並且久久不散。因此，像是廟會、唱戲等熱鬧場合，或是近鄰失火、野外有人上吊或意外橫死等事故，都能讓一些不相干的人圍觀。

深諳傳統禁忌的人，不但會反對家裡人去看，更禁止一邊看嘴裡還一邊發表感想，不僅不能說對亡者不敬或開玩笑似的輕蔑話語，就算是「好可惜啊、真可憐哪」這種憐憫的話，都不可以有。否則事故現場的往生者或孤魂野鬼，知道你同情他們之後，就會跟著你回家，輕則讓你生一場小病、重則可能拉你當替死鬼，好讓他可以投胎！

台灣習俗裡只要不是在家中壽終正寢的意外死亡，稱為「凶死」或「青尺死」，這些措手不及死去的亡靈，在傳說中特別不好惹，如果在現場觀看的人顯露出同情之心，就會被凶靈盯上，招來霉運或者被當成替身，台語也叫「抓交替」。因此最好的明哲保身之道，不但是在意外的現場不要胡亂發表言論，甚至應該盡量遠離這些事故場合。

養成不亂看、不亂說的習慣，除了是對亡者的尊重之外，最主要還有趨吉避凶和不妨礙救災的用意。

某些事故現場，如果已經有人傷亡，表示現場狀況仍處於危險狀態之中，例如瓦斯氣爆、樓房倒塌或地層下陷，不只是罹難者和救難者仍在險境之中，在狀況未完全排除之前，一旁的圍觀者隨時也會成為下一個受難者。

而大批與救災不相干的人圍在一旁，很可能阻礙了救災分秒必爭的時效性，無論自己或者別人的生命都很寶貴，千萬不要因為一時好奇而做出害人害己的動作。

至於圍觀或現場不小心說錯話的人，真的會因此倒楣或生病嗎？如果真的發生，多半都是有跡可循的。因為意外事故現場的環境多半不會太好，不是血肉模糊、就是腐臭四溢，如果是不經意走過看到，很可能受到驚嚇，留下來東看西看的，可能受到現場惡劣因素影響而不自覺，等到回家放鬆下來之後，才發現身體不太對勁，很自然就往「是受到詛咒或附身」的方向去聯想了。

所以如果沒有必要，自己在災難現場也沒辦法提供任何救人救命的協助，還是應該「不通看人劈柴」、遠離現場為妙！

65 為什麼床不能正對門、床頭放鏡子會對人不好呢？

睡眠，是一種讓人體恢復精神和體力的重要方式，睡眠良好與否，深深影響著現代人的生活品質。為了得到好的睡眠品質，不僅必須在日常生活習慣中做合宜的調整，同時睡眠的環境也至為重要！

古人對睡眠的幾項忌諱裡，當屬「床不可正對著門、廁所或窗戶」最常見。俗語有云：「病從寒中來，寒從足下生」，從中醫養生的主張來說，「雙足的保暖」和一個人的身體健康有很大的關係，即使是夏天，也不適合貪涼，光著雙腳對著門口，很容易使風邪侵體而招致百病。

當然民間對此最大的忌諱，是源於古人「壽終正寢」的慣例，人只有在往生之前，才會躺在正廳裡、腳朝外，居家過日子，如果經過房門看到一雙正對著門的腳，難免會有不好的聯想，因此十分忌諱床腳對著門睡。

從中國人的風水觀念中，「直」為無情，易產生沖煞，「曲」則有情，稍有緩衝空間才是圓滿格局。床是休息、充電專屬的家具，無論頭或腳正對著門、窗這些氣體流通的動線上便容易生病；再則門窗是可以開關的設施，難免有人進進出出，除非一一上鎖，否則在人的潛意識裡就會產生戒備的心態，而無法全然獲得放鬆。而不可對著廁所門或是馬桶，則源於我們相信廁所的穢氣會對身體產生不良的影響。

然而現代都市生活地狹人稠，大多數住戶都必須遷就現有格局，如果心中介意，一時之間又無法改變硬體條件時，是可以用屏風或著長門簾做為遮蔽以做化解的，如此一來，不論是無形的「氣」或是有形的「人」，皆可形成緩衝或阻隔的效果。

另外，床頭或床腳也不宜有鏡子正對。半夜易招鬼之說當然不可盡信，但是為了有安穩的睡眠卻實有挪動的必要。試想，半夢半醒之間，忽然見到房間裡出現另一個人的模樣，在你還沒意識到那是你自己或同房中人的鏡中倒影時，恐怕已經先嚇掉了一半的魂，若執意在房裡放置鏡子，那麼用塊布遮住鏡面會較為妥當。

現代人還有許多不利於睡眠的布置或擺飾也值得留意。例如在房中放置電視、音響、電子遊樂器等，事實上主導睡眠的中樞神經在過度的刺激之下，雖然身體疲勞，卻會無法入眠，因此房內應盡量減少刺激交感神經的電子產品、盡量將燈光調暗，讓身體「靜」下來。

還有人喜歡在房間裡點上香氛蠟燭或精油，認為有助放鬆入眠，儘管人人對氣味的感受不盡相同，但需注意過度濃郁的氣味也會刺激感官，而且房間內應該保持適當的空氣流通，切忌門窗緊閉，最重要的是，火源應確實與雜物分開的安全守則，否則浪漫和緩的氛圍營造失敗不說，倒先成了公共危險就得不償失了。

66 家中庭院不能種柳樹、榕樹和竹子？

自古以來，無論「前不種柳，後不種榕」或者「前不栽桑，後不種柳」的說法，都是對於居家風水上的一種禁忌提示。

配戴柳枝，在清明及端午時節有驅邪之意，不過長長的柳枝迎風擺盪，夜間映照在古時的棉窗上或現代的玻璃門窗上，使人產生「外面好像有人在走動」的錯覺，屋裡的人自然心神不寧。

亦有一說是種楊柳的人家，女性易於水性楊花，男性則心性不定；而不種桑樹，則是因為桑與「喪」同音，門前有桑（喪）是另一種晦氣的聯想，尤其是家中有年事已高的長輩，多半不種。在母喪中使用的苦苓以及墓園四周常見的柏樹，有人也避諱種在家宅四周。

至於公園和人行道上處處可見的榕樹，為何成了住家庭院的公敵？原因就出在民間習俗中，深信榕樹是一種與「招陰」劃上等號的植物，在探病或參加喪禮擔心撞邪時，人們相信摘下榕樹葉放入口袋中，這些場合裡的孤魂野鬼就會附在榕葉上面，在回到住所之前，只需把口袋裡的樹葉拿出來丟在路邊的垃圾筒裡，就可以安然脫身了。

也因此，有這樣「特異功能」的植物只適合種在熙來攘往的公共場合，卻不宜種在自家住宅的庭院中。此外，讓蘇東坡熱愛的風雅植物——竹子，也被視為是招陰植物的同類，鮮少有人會種在家中。

風水學中，認為榕樹相較於其他的樹木更快壯大成蔭，而柳樹柔韌茂密的枝葉種在庭院中，常常遮蔽了屋內所需的陽光，長期的陰暗導致缺乏陽氣，居住者的運勢和健康易因此走下坡；而榕樹根有四處竄生的本能，當根部生長越靠近屋子，就越能吸走屋中的能量，讓人居不安寧。

換個角度來看，榕樹屬於淺根植物，假如種植的腹地不夠廣闊，的確會因為根部的生長及攀附，破壞花園的造景或逐漸蔓延向主建築物。若遇上屋齡老舊的建築物，勢必對外觀或結構造成程度不一的毀損，自然而然影響到居住者的心情。

其實與其歧視榕樹，不如說是現今寸土寸金的住宅區裡，在先天環境條件容不下榕樹的特性才對。事實上生命力旺盛的榕樹，在觀賞、綠化和藥用的功效上，還是值得稱許的好植物。

另外，庭院中忌諱種植的果樹還有：無種籽而讓人有不孕聯想的香蕉樹、果肉內連串多籽暗示婦女子宮易生病變的木瓜樹、甚至與台灣人指稱性病「檨子」同音的芒果樹，普遍被認定不適合種在家中。

美化居家環境，代表屋主對住家的用心，不過綠化種植只是開端，能否勤勉地照顧及維持才是重點。假如完全不在意榕樹招陰的寓意以及影響房子結構的潛在隱憂，只要多花心思勤於修剪，並時常注意其根部生長狀況即可。而該不該種植其他所謂「禁忌植物」的道理亦同，畢竟使居住者心情舒適愉悅，才是「家」的最高價值所在！

國家圖書館出版品預行編目資料

不知道會被笑的66個禮俗禁忌／春光編輯室著．--
初版 .-- 臺北市：春光出版：家庭傳媒城邦分公司
發行, 民103.07
面 ；公分

ISBN 978-986-5922-51-1（平裝）

1. 禁忌　2. 禮俗　3. 臺灣

299.33　　103013775

不知道會被笑的66個禮俗禁忌

作　　者／春光編輯室
企劃選書人／劉毓玫
責任編輯／劉毓玫

行銷企劃／周丹蘋
業務企劃／虞子嫺
行銷業務經理／李振東
總 編 輯／楊秀真
發 行 人／何飛鵬
法律顧問／台英國際商務法律事務所　羅明通律師
出　　版／春光出版
台北市104中山區民生東路二段 141 號 8 樓
電話：(02) 2500-7008　傳真：(02) 2502-7676
部落格：http://stareast.pixnet.net/blog
E-mail：stareast_service@cite.com.tw
發　　行／英屬蓋曼群島商家庭傳媒股份有限公司城邦分公司
台北市中山區民生東路二段 141 號 11 樓
書虫客服服務專線：(02) 2500-7718 / (02) 2500-7719
24小時傳眞服務：(02) 2500-1990 / (02) 2500-1991
讀者服務信箱E-mail: service@readingclub.com.tw
服務時間：週一至週五上午9:30～12:00，下午13:30～17:00
劃撥帳號：19863813　戶名：書虫股份有限公司
城邦讀書花園網址：www.cite.com.tw
香港發行所／城邦（香港）出版集團有限公司
香港灣仔駱克道 193 號東超商業中心 1 樓
電話：(852) 2508-6231　傳眞：(852) 2578-9337
E-mail : hkcite@biznetvigator.com
馬新發行所／城邦（馬新）出版集團【Cite (M) Sdn Bhd】
41, Jalan Radin Anum, Bandar Baru Sri Petaling,
57000 Kuala Lumpur, Malaysia.
電話：(603) 90578822　傳眞：(603) 90576622

封面設計／黃聖文
內頁排版／浩瀚電腦排版股份有限公司
印　　刷／高典印刷有限公司

■ 2014 年（民 103）7 月 31 日初版
■ 2015 年（民 104）12 月 4 日初版3.5刷
Printed in Taiwan

售價／250元

城邦讀書花園
www.cite.com.tw

經商務印書館國際有限公司授權出版發行。

ISBN　978-986-5922-51-1

廣 告 回 函
北區郵政管理登記證
台北廣字第000791號
郵資已付，免貼郵票

104台北市民生東路二段141號11樓
英屬蓋曼群島商家庭傳媒股份有限公司
城邦分公司

請沿虛線對折，謝謝！

遇見春光·生命從此神采飛揚

春光出版

書號：OC0071　**書名**：不知道會被笑的66個禮俗禁忌

請於此處用膠水黏貼

讀者回函卡

謝您購買我們出版的書籍！請費心填寫此回函卡，我們將不定期寄上城邦集最新的出版訊息。

姓名：＿＿＿＿＿＿＿＿＿＿

性別：□男　□女

生日：西元＿＿＿＿年＿＿＿＿月＿＿＿＿日

地址：＿＿＿＿＿＿＿＿＿＿

聯絡電話：＿＿＿＿＿＿ 傳真：＿＿＿＿＿＿

E-mail：＿＿＿＿＿＿＿＿＿＿

職業：□1.學生 □2.軍公教 □3.服務 □4.金融 □5.製造 □6.資訊

□7.傳播 □8.自由業 □9.農漁牧 □10.家管 □11.退休

□12.其他＿＿＿＿＿＿

您從何種方式得知本書消息？

□1.書店 □2.網路 □3.報紙 □4.雜誌 □5.廣播 □6.電視

□7.親友推薦 □8.其他＿＿＿＿＿＿

您通常以何種方式購書？

□1.書店 □2.網路 □3.傳真訂購 □4.郵局劃撥 □5.其他＿＿＿＿

您喜歡閱讀哪些類別的書籍？

□1.財經商業 □2.自然科學 □3.歷史 □4.法律 □5.文學

□6.休閒旅遊 □7.小說 □8.人物傳記 □9.生活、勵志

□10.其他＿＿＿＿＿＿

為提供訂購、行銷、客戶管理或其他合於營業登記項目或章程所定業務之目的，英屬蓋曼群島商家庭傳媒（股）公司城邦分公司，於本集團之營運期間及地區內，將以電郵、傳真、電話、簡訊、郵寄或其他公告方式利用您提供之資料（資料類別：C001、C002、C003、C011等）。利用對象除本集團外，亦可能包括相關服務的協力機構。如您有依個資法第三條或其他需服務之處，得致電本公司客服中心電話 (02)25007718請求協助。相關資料如為非必要項目，不提供亦不影響您的權益。

1. C001辨識個人者：如消費者之姓名、地址、電話、電子郵件等資訊。
2. C002辨識財務者：如信用卡或轉帳帳戶資訊。
3. C003政府資料中之辨識者：如身分證字號或護照號碼（外國人）。
4. C011個人描述：如性別、國籍、出生年月日。

請於此處用膠水黏貼